LES
AMOURS DE VILLAGE

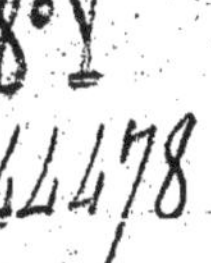

Imprimerie générale de Châtillon-sur-Seine. — M. PEPIN.

ÉMILE RICHEBOURG

LES

AMOURS DE VILLAGE

PARIS
E. DENTU, ÉDITEUR
LIBRAIRE DE LA SOCIÉTÉ DES GENS DE LETTRES
PALAIS-ROYAL, 3, PLACE DE VALOIS

1880

LES AMOURS DE VILLAGE

DEUX AMIS

I

Ils se nommaient Étienne et Jacques.

Ils étaient nés la même année, à Essex, petit village d'un de nos départements de l'Est.

Jacques était le fils d'un riche fermier. Le père d'Étienne, un pauvre journalier, usait toute la force de ses bras, toute la sueur de son corps pour donner du pain à sa femme et à ses cinq enfants. Il est à remarquer que ce sont généralement les plus pauvres qui ont une plus nombreuse famille.

En été, aux jours de la fenaison, Radoux, le père d'Étienne, fauchait à lui seul la moitié des prairies du fermier Pérard. Il était aussi le premier parmi les travailleurs, quand venait l'heure de couper les blés et les avoines. En hiver, — en ce temps-là les machines à battre étaient encore très rares, — Radoux devenait batteur en grange ; de mémoire de paysan, jamais à Essex, avant Radoux, un fléau n'avait frappé autant de gerbes et d'épis dans une journée. Aussi le manœuvre ne manquait jamais d'ouvrage. Il le fallait, d'ailleurs, car cinq enfants à nourrir était une rude tâche.

Mais Radoux voyait grandir Étienne, son aîné, et il se disait avec un sourire heureux :

— Dans quelques années mon gros gars sera déjà assez fort pour manier la faucille et égrener une gerbe.

Étienne promettait, en effet, de devenir aussi fort, aussi robuste que son père. Le jeune sauvageon n'attendait que la greffe pour donner de bons fruits. A défaut de l'instruction, qu'il ne pouvait recevoir, les conseils de ses parents et une extrême sensibilité devaient développer les bons germes qui étaient en lui.

Un jour de fête de Pâques, les enfants, réunis sur la petite place du village, faisaient rouler des œufs teints de diverses couleurs. Tout à coup, une querelle s'éleva entre Jacques, le fils de M. Pérard, et Étienne Radoux. Ils avaient alors dix ans.

Jacques était un enfant faible et délicat, mais hargneux et agaçant comme certains petits roquets qui aboient dans les jambes des passants et se lancent sur les molosses pour essayer de leur mordre les jarrets. Il savait son père riche, il était mieux vêtu que ses camarades : cela le rendait fier, dédaigneux, insolent, et lui faisait prendre vis-à-vis de ceux-ci un grand air d'importance. Déplaisant et insupportable, il froissait ses jeunes compagnons et s'attirait des inimitiés nombreuses.

Ce jour-là, il portait pour la première fois un joli vêtement de velours bleu, sur lequel scintillaient de magnifiques boutons de cuivre doré.

La dispute, comme toutes les querelles d'enfants, allait se terminer par la reprise du jeu, lorsque Jacques, comparant son superbe costume aux pauvres vêtements d'Etienne, lui dit méchamment et avec mépris, en le regardant des pieds à la tête :

— Tu devrais aller te cacher, avec ton pantalon rapiécé et ta veste crasseuse ! Va-t'en donc, mendiant !

Les yeux d'Étienne s'enflammèrent de colère. Encouragé par ses camarades, qui l'approuvaient de la voix et du geste, il marcha sur Jacques le poing levé. Ce dernier recula prudemment. D'un bond, Étienne aurait pu l'atteindre et le renverser ; mais il avait une autre intention ; l'idée d'une vengeance cruelle venait de passer dans sa tête. Il le poussa jusqu'au bord d'une mare où croupissait une eau fangeuse. Alors un sourire singulier crispa ses lèvres ; il s'élança sur Jacques et, d'un coup d'épaule, le jeta dans la mare.

Tous les gamins applaudirent.

Aux cris poussés par la victime, qui se débattait dans la fange, un homme accourut. Il se pencha sur l'eau, saisit Jacques au collet, l'enleva comme une plume et le remit à terre sur ses deux pieds. Cet homme était le père d'Étienne.

Sans adresser une parole à son fils, il le prit par la main et l'entraîna rapidement vers sa demeure, pendant que Jacques, honteux et désolé, regardait piteusement ses beaux habits souillés de boue.

— Assieds-toi là, dit Radoux à son fils dès qu'ils furent rentrés au logis, en lui indiquant un escabeau.

L'enfant obéit. Il tremblait de tous ses membres. Le calme de son père l'effrayait ; il pressentait quelque chose de terrible. Voulant essayer de se justifier :

— Mon père, balbutia-t-il, laissez-moi vous raconter...

— C'est inutile. Tout ce que tu pourrais me dire, je le sais. Maintenant, écoute-moi.

II

Radoux était pâle ; il prit une chaise et s'assit en face de son fils. Sa femme était sortie avec les autres enfants, ce qui ne contribuait pas à rassurer Étienne. De grosses larmes roulaient de ses yeux.

— Mon père, s'écria-t-il, j'ai été méchant aujourd'hui, mais je ne le serai plus, je vous le promets ! Ne me battez pas !

Ces derniers mots de l'enfant firent tressaillir le père, et il devint plus pâle encore.

— T'ai-je donc jamais frappé ? dit-il d'une voix étrange. M'as-tu vu une seule fois lever la main sur toi ou sur un de tes frères ?

— Oh ! non, mon père, jamais !

— Dieu n'a pas donné à l'homme la force pour qu'il s'en serve brutalement, reprit Radoux. Tu viens de commettre une mauvaise action, Étienne; oui, tu as été méchant ; mais avant de te faire des reproches, je veux savoir si tu as du cœur. Fais bien attention à ce que je vais te dire.

« Un jour, il y a de cela un peu plus de dix ans, je conduisais ta mère à la fête d'un village voisin. Elle était à mon bras, un jeune homme osa l'insulter. J'ai su plus tard qu'il croyait s'adresser à une autre personne. Son erreur nous fut fatale. Il n'avait pas fini de parler que déjà emporté par la colère, je l'avais frappé violemment. Il tomba à mes pieds comme une masse.

» Le lendemain, le malheureux était à l'agonie et moi... en prison !

» Comprends-tu, Étienne? Pour venger ta mère outragée, j'avais tué un de mes semblables ! Je fus emmené par les gendarmes, j'avais mérité mon sort.

» On était à la veille de l'hiver, et l'année avait été mauvaise. Ta mère restait seule, désespérée, sans bois, sans pain, sans argent et incapable de travailler. Tu allais venir au monde...

» Dieu seul a connu ma douleur et a vu toutes les larmes que j'ai versées dans mon cachot. Il m'a entendu maudire la force qu'il m'a donnée, et c'est à genoux, les mains jointes, que j'ai juré alors de ne plus me servir de cette force funeste autrement que pour le travail. En quelques jours, j'ai souffert toutes les tortures de l'âme et du cœur.

» — Ma pauvre Marie, me disais-je, que va-t-elle devenir?

» Cette seule pensée me rendait comme fou. Je poussais des cris épouvantables et je me démenais si fort, entre les quatre murs de ma cellule, qu'on crut devoir me lier avec des cordes pour m'empêcher d'attenter à ma vie.

» J'avais bien raison de me désoler en pensant à ta pauvre mère. L'hiver arriva, et un matin, toutes ses ressources épuisées, elle resta dans son lit; elle se sentait trop faible pour se lever. Alors elle se dit :

» — Ce soir ou demain je serai morte!

» Ce même jour, une jeune femme, ou plutôt un ange, entra dans notre pauvre demeure. Je dis un ange, car, arrivant à la dernière heure, elle était bien l'envoyée du bon Dieu. Elle vit la mourante pâle, maigre, glacée et comprit tout.

» Une heure après, un grand feu pétillait dans la cheminée, et deux valets de ferme apportaient d'énormes paniers pleins de provisions. La mort, qui déjà frappait à la porte, s'en alla. Ta mère était sauvée! »

Étienne écoutait le récit de son père avec une émotion croissante.

— L'excellente femme dont je viens de te parler, poursuivit Radoux, allait bientôt devenir mère, elle aussi. Or, pour un petit enfant qui va naître, on prépare des langes, de petits bonnets, de petites chemises... tout est petit pour un bébé mignon. Ici, ta mère n'avait pu faire aucun apprêt pour te recevoir; mais à la ferme, sans rien lui dire, on confectionnait deux layettes, comme si on eût attendu deux jumeaux.

» Le jour de ta naissance, ta mère pleura de surprise et de reconnaissance en te voyant couché sur de beaux langes fins, doux et blancs, marqués à son nom. Mais elle avait tant souffert depuis trois mois, ta pauvre mère, que, lorsqu'elle voulut te donner le sein, elle s'aperçut avec terreur qu'elle n'avait pas de lait. Et la sage-femme, qui te trouvait malingre et chétif, comprit que tu ne pourrais pas vivre. Elle eut bien soin de ne pas parler de ses craintes à ta mère, cela aurait pu la tuer du coup, mais elle le dit tout bas à quelques voisines.

» Il y en a qui répondirent :

» — Ma foi ! ce serait un bonheur pour la mère.

» Comme si les plus pauvres et les plus malheureux n'avaient pas le droit de conserver l'enfant que Dieu leur a donné !

» La fermière ne pensa pas ainsi, elle. Son fils était né depuis quinze jours ; pendant qu'il dormait dans son berceau, elle accourut ici, elle te prit dans ses bras, te couvrit de baisers, et, pendant que ta mère pleurait, elle te présenta son sein, que tu saisis avidement. Alors elle dit :

» — Marie, si vous le voulez, votre enfant partagera avec le mien. Je viendrai ici dans la journée autant de fois qu'il le faudra, le soir je l'emporterai à la ferme et nos deux enfants dormiront près de moi, dans le même berceau.

» La chose se fit ainsi, et pendant trois mois la bonne fermière t'a nourri de son lait, et si bien, que tu grandissais et devenais fort à vue d'œil. Après ce temps, ta mère, qui avait recouvré sa santé, t'éleva au biberon ; presque tout de suite, d'ailleurs, tu te mis à manger de la soupe comme un petit homme.

» Quant à moi, après trois mois de prison préventive, on m'avait fait passer en cour d'assises; à l'unanimité des voix du jury j'avais été acquitté et j'étais revenu près de ta mère. Les certificats et les bons témoignages ne m'avaient pas fait défaut; tous les villages du canton, où j'étais bien connu, s'unirent pour me sauver. D'abord j'avais eu grand'peur de la cour d'assises, mais on me dit :

» — En police correctionnelle, vous seriez condamné à la prison; mais le jury vous acquittera.

» C'était la vérité.

» Maintenant, Étienne, tu as déjà deviné, sans doute, que c'est madame Pérard qui a été autrefois si bonne pour ta mère et pour nous tous, et que c'est à côté de son fils que tu as dormi toutes les nuits pendant trois mois. »

L'enfant, qui s'était contenu jusque-là pour ne pas interrompre son père, éclata tout à coup en sanglots.

— Papa, dit-il, je ne savais pas toutes ces choses, et je me repens bien de ce que j'ai fait.

— Comment t'y prendras-tu pour le faire oublier par madame Pérard ? demanda le père.

— Je ne le sais pas encore ; mais, à partir d'aujourd'hui, Jacques sera mon meilleur camarade. Souvent les grands et les plus forts que lui le battent : je prendrai sa défense, et comme ils savent tous que je n'ai pas peur, ils n'oseront plus l'attaquer.

— C'est déjà bien, fit Radoux ; mais ne sens-tu pas qu'il y a immédiatement quelque chose à dire ou à faire ?

Étienne regarda son père en ouvrant de grands

yeux. Puis, soudain, il se leva et dit en pleurant :

— Je vais demander pardon à madame Pérard.

— A la bonne heure! reprit Radoux; voilà ce que j'attendais.

Et tout bas, en se parlant à lui-même :

— La leçon a été bonne, Étienne a du cœur.

Quand l'enfant arriva à la ferme, il trouva madame Pérard aidant Jacques à changer de vêtements.

— Madame Pérard, lui dit-il, c'est moi qui ai fait tomber Jacques dans la mare : je viens vous demander pardon à tous les deux. Quand j'étais tout petit, continua-t-il en se mettant à genoux, vous m'avez habillé, nourri et peut-être empêché de mourir... Mon père vient de me dire cela. Pendant trois mois, j'ai dormi avec Jacques dans le même berceau; maintenant que je le sais, je ne l'oublierai jamais... Pardonnez-moi, madame Pérard, pardonne-moi aussi, Jacques, je t'aime et t'aimerai toujours comme un frère.

— Ah! Étienne! s'écria madame Pérard avec attendrissement, tu ne sais pas combien tu me rends heureuse. Tout à l'heure j'ai pleuré quand j'ai su que c'était toi qui avais maltraité mon fils, toi, Étienne, dont j'ai tenu la petite tête sur ma poitrine, à côté de celle de Jacques !

Elle le prit par la main, l'aida à se relever et l'attira dans ses bras.

— Viens aussi, Jacques, reprit-elle, que je vous tienne encore une fois tous les deux près de mon cœur!

Les deux enfants s'embrassèrent; puis, pendant que Jacques mettait un baiser sur une joue de sa mère, sur l'autre Étienne appuyait ses lèvres.

III

Ce fut une amitié vive et profonde, et pour mieux dire fraternelle, qui unit Jacques et Étienne. On les voyait presque toujours ensemble, si bien qu'à Essex on finit par les appeler les jumeaux.

Pour ne pas faire de peine à Étienne, Jacques perdit peu à peu sa fierté hautaine et dédaigneuse et devint meilleur. Il oublia que son père était le plus riche du pays et s'habitua à considérer ses camarades, moins favorisés que lui sous le rapport de la fortune, comme étant absolument ses égaux. En cessant d'être orgueilleux, il perdit les défauts qui l'avaient fait haïr et acquit des qualités qui lui valurent de nombreux amis.

Madame Pérard ne cherchait pas à cacher le bonheur qu'elle éprouvait.

— Étienne, disait-elle souvent, a fait plus pour l'éducation de mon fils que moi-même. Jacques doit à cette amitié si sûre et si dévouée ce que ma tendresse trop aveugle n'aurait pu lui donner.

A quatorze ans, Jacques fut placé au collège afin de compléter son instruction. M. Pérard, n'ayant pas d'autre ambition que celle de faire de son fils un agriculteur, n'avait pas voulu entendre parler du lycée et des études classiques.

— Jacques, avait-il dit, cultivera la terre comme

son père et son aïeul. Aussi bien qu'un médecin, un avocat ou un notaire, un bon cultivateur rend des services à son pays. Je veux que mon fils soit un homme suffisamment instruit; mais je n'ai pas besoin d'en faire un savant de profession.

Les deux amis furent forcément séparés pendant trois ans; mais on se retrouvait aux vacances. Du reste, Étienne commençait à travailler avec son père, et le travail lui rendit moins pénible la séparation.

Enfin, Jacques revint à Essex pour ne plus le quitter, et, dès l'année suivante, son père lui confia une partie de la direction de l'exploitation de la ferme. Le jeune homme eut dans Étienne un auxiliaire des plus actifs. S'il n'y avait qu'un maître, il y eut deux bras déjà forts pour l'ouvrage et deux yeux de plus pour surveiller les ouvriers et tout voir.

L'âge de vingt ans arriva. Il fallut satisfaire à la loi du recrutement. Les deux amis tirèrent de l'urne chacun un mauvais numéro. Ce n'était rien pour M. Pérard, qui pouvait faire remplacer son fils, mais Étienne était soldat.

— Est-ce que tu veux réellement partir? lui demanda Jacques un jour.

— Il le faut bien.

— Écoute : après en avoir causé avee ma mère, mon père veut bien te faire remplacer en même temps que moi. Il t'avancera la somme exigée, — on parle de deux mille cinq ou six cents francs, — et tu la rembourseras par acompte chaque année.

— Mon cher Jacques, cela durerait trop longtemps, peut-être les sept ans que je dois passer sous les drapeaux.

— Oui, mais tu resteras près de moi, tu ne quitteras pas ta famille; et puis tu pourras te marier, épouser la belle Céline, que tu aimes.

Étienne rougit, et une larme se suspendit comme une perle au bord de ses longs cils.

— C'est vrai, dit-il, j'aime Céline; mais même en ne partant point, je ne pourrais pas l'épouser.

— Pourquoi?

— Réfléchis donc, Jacques; nous sommes pauvres tous les deux, et nous ne gagnerions jamais assez d'argent pour vivre convenablement et en même temps payer ma dette. Quand on aime une jeune fille, vois-tu, et qu'on en fait sa femme, c'est pour lui donner une vie heureuse et non pour lui imposer des privations. Avec son aiguille, Céline vit tranquille et soutient sa vieille mère; si je devenais maintenant son mari, je serais avec ma dette une nouvelle charge pour elle, et au lieu de sa modeste aisance d'aujourd'hui, ce serait la misère. Oh! elle ne se plaindrait point!... Nous la connaissons, elle est pleine de courage et de dévouement! Mais c'est pour elle que je l'aime et non pour moi. Je mourrais, ami, si je voyais pâlir ses belles joues, ou un pli se creuser sur son front. Non, je ne le veux pas. Je donnerai à mon pays les sept ans que je lui dois. Céline m'aime, elle n'a que dix-huit ans : elle m'attendra. A mon retour, je retrouverai du travail à la ferme, près de toi; nous nous marierons et nous serons heureux.

» D'un autre côté, je pense à mon frère, qui,

dans quatre ans, tirera au sort à son tour. En partant, je l'exempte. Je suis l'aîné, Jacques, il faut bien que je fasse quelque chose pour les miens. »

Jacques prit les mains du conscrit et les serra affectueusement dans les siennes.

Le jour où Étienne partit, les adieux furent touchants et il y eut bien des larmes de versées à Essex ! Céline ne fut pas la moins désolée. En embrassant Étienne une dernière fois, elle lui dit :

— C'est près de ma mère et de la vôtre que j'attendrai votre retour et que je compterai les jours de votre absence. D'ici là, je ne prendrai plus d'autre plaisir que celui de penser à vous.

— Mon cher Jacques, dit Etienne à son ami, je te confie Céline et sa vieille mère ; si le travail manquait, si la maladie venait, donne-leur tout ce dont elles pourraient avoir besoin : en un mot, remplace-moi auprès d'elles ; sois comme le frère de ma fiancée ; je m'en vais presque joyeux en pensant qu'elle aura en toi un ami dévoué.

— Je veillerai sur Céline ainsi que sur sa mère, et serai leur appui, répondit Jacques.

Deux jours après, Étienne arrivait au dépôt du 26e régiment de ligne. Le jeune conscrit allait recevoir l'instruction militaire et devenir soldat.

IV

Nous passerons rapidement sur les six ans et demi pendant lesquels Étienne Radoux fut retenu loin d'Essex. Il venait d'être nommé caporal lorsque son régiment fut envoyé en Afrique. Il revint en France au bout de cinq ans avec le grade de sous-officier et la médaille militaire. Celle-ci lui avait été donnée après un combat contre une tribu insoumise de la grande Kabylie, où il s'était admirablement conduit, ce qui lui avait valu l'honneur d'être cité à l'ordre du jour de l'armée.

Un jour, son capitaine le fit appeler.

— Mon cher Radoux, lui dit-il, les sous-officiers et soldats de votre classe vont être renvoyés dans leurs foyers; mais comme on tient à conserver dans l'armée les meilleurs sujets, j'ai reçu l'ordre de vous demander si vous voulez rester avec nous.

— Je vous remercie de votre bienveillance, mon capitaine, répondit Étienne; mais depuis que j'ai quitté mon village, je n'ai pas vu mes parents, j'ai besoin de me retrouver au milieu de ma famille.

— On vous accordera un congé de six mois.

— Mon capitaine, c'est mon congé définitif que je serai heureux d'obtenir.

— Alors, nous vous perdons; je le regrette vivement.

— Mon capitaine, avant d'apprendre à me servir du fusil et du sabre, je savais tenir la charrue et manier une faux. Ce sont ces outils de travail que je veux reprendre. Si je les ai laissés, c'est la faute du tirage au sort. Oh ! je ne regrette pas d'avoir été soldat; je porterai toujours avec bonheur cette médaille que je crois avoir méritée; et si un jour la France avait besoin de moi pour la défendre, je quitterais de nouveau ma famille et la charrue; je reprendrais un fusil et je dirais à mes camarades de l'armée : « Je suis soldat, faites-moi une petite place au milieu de vous! »

— Nous avons une puissante armée et j'espère bien que la France n'aura jamais besoin de faire appel à tous ses enfants.

Après ces paroles, le capitaine tendit la main au sergent et ils se séparèrent.

Quelques jours plus tard, Étienne Radoux était à Essex. Son père et sa mère avaient vieilli; mais les petits frères et les petites sœurs étaient devenus grands; la force des enfants remplaçait celle du père. Pour eux tous, le retour du frère aîné fut un jour de fête.

Jacques Pérard accourut pour serrer la main du sous-officier. Mais Étienne lui sauta au cou.

— Je t'attendais pour me conduire près de madame Pérard, lui dit-il. Je veux, dès ce soir, embrasser tous ceux que j'aime. Dans trois jours la moisson va commencer : demain, je ferai le tranchant de ma faux; y aura-t-il à la ferme du travail pour moi?

— Tu ne sauras plus, répondit Jacques en souriant.

— Nous verrons cela, fit Étienne sur le même ton. D'ailleurs, tu me jugeras à l'œuvre.

— Tu ne me parles pas de Céline, reprit le jeune fermier d'une voix légèrement émue.

— Mon cher Jacques, c'est souvent de la personne qu'on aime le plus qu'on parle le moins, répondit Étienne.

— Ainsi, tu es toujours dans les mêmes intentions?

— Me crois-tu donc si oublieux ?

— Non, mais tu aurais pu changer d'idée.

— Mon ami, il y a des affections profondes que rien ne peut affaiblir ; à mon amour pour Céline, comme à mon amitié pour toi, le souvenir a servi d'aliment ; l'un et l'autre ne mourront qu'avec moi. Quand un cœur comme le mien s'est donné, il ne se reprend plus.

— Alors, vous allez vous marier ?

— Après les moissons, à moins, cependant que Céline...

— Céline ?... tu n'achèves pas.

— Si elle ne voulait plus se marier ?

— Céline t'aime toujours, dit vivement le fermier, elle t'attend.

— Tu me dis cela comme si tu étais fâché.

— Contre toi, parce que tu as l'air de douter d'elle.

Les joues du jeune homme s'étaient empourprées, ce que ne vit point Étienne.

— Allons, reprit Jacques, viens jusqu'à la ferme, le père et la mère t'attendent.

— Est-elle toujours jolie ? demanda Étienne.

— De qui veux-tu parler ?

— D'elle, de Céline...

— Tu la verras, répondit Jacques brusquement.

Et il entraîna son ami.

Après la visite à la ferme, où l'accueil le plus amical lui fut fait, Étienne demanda à Jacques de l'accompagner chez madame Cordier, la mère de Céline.

— Non, répondit-il ; pendant cette première entrevue, je vous gênerais.

Étienne voulut insister.

— Ai-je donc besoin d'être témoin de votre bonheur ? répliqua-t-il froidement. D'ailleurs, j'ai un travail urgent à faire.

— Jacques n'est plus le même, se dit Étienne en s'en allant. Pourquoi est-il changé ainsi ? m'aimerait-il moins qu'autrefois ? Non, je ne puis le croire.

Il se sentait tout attristé et ne pouvait se rendre compte des sensations pénibles qu'il éprouvait. Mais le nuage qui avait obscurci son front se dissipa bientôt lorsqu'il se trouva en présence de Céline et que la jeune fille, émue et souriante, mit sa main dans la sienne.

Un instant il contempla ce visage charmant, qui rougissait sous son regard, et son silence, mieux que des paroles, exprimait son admiration. Céline n'était plus seulement gracieuse et jolie, elle était belle. Elle avait une de ces beautés rayonnantes que rêve l'imagination du poète et que le peintre fait éclore sous son pinceau. La pureté des lignes, la finesse et la régularité des traits ne le cédaient en rien à la fraîcheur du teint, à l'élégance des formes et à la gracieuseté des mouvements. Jamais plus beaux cheveux blonds n'ont couronné un front plus radieux. Son sourire seul suffisait pour la rendre adorable.

— Vous me trouvez donc bien changée ? demanda-t-elle à Étienne.

— Oui, car vous êtes mille fois plus charmante.

— N'est-ce pas qu'elle a embelli ? dit la mère ; elle seule ne veut pas en convenir.

— Oh ! je suis de votre avis, madame Cordier, Céline a tort. Oui, poursuivit-il en s'adressant à la jeune fille, en vous revoyant si belle, je n'ai pu vous cacher mon étonnement. Il est vrai que dans mon émotion il y a aussi le bonheur de me retrouver près de vous. Je n'ai qu'une chose à vous demander, Céline : m'aimez-vous toujours ?

— Est-ce que je ne vous ai pas attendu ? répondit-elle avec un regard d'une douceur infinie.

— Et en t'attendant, Étienne, elle a économisé cent écus tout rond pour les frais de la noce, car elle a bien pensé que tu ne serais pas fourni d'argent. Elle peut m'appeler bavarde tant qu'elle voudra, mais je te dirai encore qu'elle a acheté un bandeau de belle toile de fil avec lequel elle t'a confectionné une douzaine de chemises.

— Ah ! Céline, chère Céline ! s'écria le jeune homme ému jusqu'aux larmes.

— C'est mal, ma mère, c'est mal de me trahir ainsi, dit la jeune fille.

Étienne l'entoura de ses bras, et, pour dissimuler son trouble, elle cacha sa figure contre la poitrine de son fiancé. Madame Cordier les regardait en souriant.

— C'est le commencement du bonheur, pensait-elle.

Le 20 septembre, Céline devint la femme d'Étienne. Jacques Pérard n'assista point à la cérémonie du mariage : il était parti la veille pour Paris. Ce fut un chagrin pour Étienne ; il ne pouvait s'expliquer l'étrange fantaisie de son ami, qui aurait dû choisir un autre moment pour aller visiter la capitale.

V

L'année suivante, au commencement de juillet, Céline donna le jour à deux jumeaux, un garçon et une fille jolis comme leur mère.

Après avoir fait quelques difficultés, Jacques consentit à être le parrain du petit garçon.

— Il va falloir travailler pour cinq, dit joyeusement Étienne; mais j'ai du courage et mes bras sont forts.

Quelques jours après, on apprit avec stupeur que la guerre venait d'être déclarée à la Prusse. Mais on se rassura bientôt, lorsqu'on vit passer sur nos routes, marchant vers Metz et les bords du Rhin, notre artillerie et nos magnifiques régiments de cavalerie.

Personne ne doutait du succès Mais bientôt, après Wissembourg et Reichshoffen, les Allemands se jetèrent sur la France comme un troupeau de loups affamés.

Un immense cri de douleur s'échappa alors de toutes les poitrines, et un frémissement de haine et de colère se répandit, comme une traînée de poudre qui brûle, de l'Est à l'Ouest, et du Nord au Midi.

On s'empressa de rentrer les dernières récoltes, et les paysans de l'Alsace et de la Lorraine prirent leur fusil en criant : « Mort aux Prussiens ! Vive la France ! »

Puis vint le désastre de Sedan !

L'ennemi marchait sur Paris, et la France n'avait plus de soldats pour s'opposer à l'invasion. Le péril était grand. Afin de continuer la lutte, on fabriqua, on acheta de nouveaux fusils. On fondit d'autres canons, on appela les mobiles, les anciens militaires, enfin tous les hommes non mariés, de vingt à trente-cinq ans, à la défense de la patrie.

Jacques Pérard reçut l'ordre de partir. Alors Étienne dit à sa femme :

— Demain, Jacques et les jeunes gens du canton se rendent au chef-lieu, où ils doivent être armés. Je ne sais ce qui se passe en moi, Céline, mais il me semble que j'aurais honte si je restais à Essex les bras croisés, quand la patrie est en danger.

— Ah ! tu veux me quitter ! s'écria la jeune femme en pleurant.

— C'est vrai, je veux suivre Jacques et me battre à côté de lui contre les ennemis de mon pays. C'est le devoir de tous les Français.

— Mais on n'appelle pas les hommes mariés, répliqua-t-elle; que parles-tu de devoir?

— Je ne puis oublier que j'ai été soldat, Céline; aujourd'hui la France est malheureuse, et ce serait une lâcheté de ne pas mettre à son service mes bras, qui ont appris à se servir des armes. Je ne te quitterai pas sans éprouver une vive douleur, mais le mérite d'une action est tout dans le sacrifice.

— Mais tu peux être tué ! reprit-elle en sanglotant.

— Je n'ai pas cette crainte, fit-il en souriant. D'ailleurs, si cela arrivait, la France, pour laquelle je serais mort, veillerait sur le sort de la veuve et des orphelins.

Il la prit dans ses bras et la serra contre son cœur.

— Pardonne-moi, Céline, reprit-elle, pardonne-moi !... Je comprends et je sens la peine que je te fais ; mais je suis entraîné par quelque chose de plus puissant que ma volonté. Vois-tu, depuis quelques jours, c'est comme du feu qui coule dans mes veines! Je t'aime plus que jamais, Céline ; j'adore et je vénère en toi la mère de nos enfants, et pourtant, je m'éloignerai sans faiblesse, parce que je suis plein de confiance dans l'avenir.

La jeune femme essuya ses larmes.

— Je n'ai pas ta force et ton courage, Étienne, mais mon affection n'est pas plus égoïste que la tienne.

» Il ne faut pas que tu puisses me reprocher un jour de t'avoir empêché de remplir ce que tu appelles ton devoir. Pars donc, puisque tu le veux, et que notre destinée s'accomplisse! »

Du chef-lieu, les mobilisés furent dirigés sur Nevers, où le gouvernement de la Défense nationale avait établi un camp pour l'instruction des jeunes soldats.

Étienne rendit immédiatement de sérieux services comme instructeur. Au bout de quinze jours, on donna à Jacques le grade de sergent. Étienne pouvait faire un excellent officier : on lui offrit l'épaulette de sous-lieutenant; il la refusa pour conserver ses galons de sergent qui lui avaient été rendus dès son arrivée à Nevers.

— Je ne reprends pas du service par ambition, répondit-il, mais seulement pour me battre contre les ennemis de la patrie.

» Et puis, on pourrait me séparer de Jacques Pérard et je ne veux pas le quitter. »

Quand ce dernier apprit le refus d'Étienne il le blâma.

— C'était peut-être ta fortune, lui dit-il.

— Bah! ma fortune est dans le travail et la force de mes bras, répondit Étienne. Nous sommes amis, nous resterons égaux dans les rangs de l'armée; je ne veux pas être ton supérieur.

Le 9 novembre, les deux sergents firent des prodiges de valeur à la bataille de Coulmiers.

Ce jour-là, l'armée de la Loire, à peine formée et composée de soldats improvisés en deux mois, montra par son courage et son intrépidité qu'on pouvait encore compter sur les immenses ressources de la France. L'armée bavaroise fut défaite et abandonna aux Français la ville d'Orléans. Alors une marche hardie sur Paris pouvait amener la délivrance de la grande ville assiégée. Tout le monde attendait et espérait ce mouvement. On se souvenait que dans maintes circonstances l'audace avait changé la fortune de la France.

Malheureusement, le général en chef de l'armée de la Loire perdit un temps précieux à Orléans et permit à l'armée de Frédéric-Charles, devenue libre après la malheureuse capitulation de Metz, de venir se placer entre lui et Paris. Or, quand d'Aurelle de Paladines voulut reprendre l'offensive, il se trouva en présence de forces supérieures.

C'est à Patay que nous retrouvons les deux sergents. Sur ce point, la résistance fut longue et énergique; malgré la puissance de l'artillerie ennemie, le succès de la journée fut longtemps incertain. Il fallut l'ordre de battre en retraite pour laisser l'avantage aux Prussiens.

Au moment où les Français abandonnaient leurs positions, Jacques Pérard reçut une balle dans la cuisse. Étienne le vit tomber et s'élança pour le relever. Autour d'eux les obus éclataient et les balles sifflaient; de nombreux escadrons prussiens s'élançaient dans la plaine pour s'emparer de nos traînards et menacer notre arrière-garde.

— Laisse-moi, dit Jacques d'une voix faible, songe à toi et ne t'expose pas plus longtemps au danger.

— T'abandonner? jamais! s'écria Étienne; je veux te sauver ou je partagerai ton sort, quel qu'il soit.

— Malheureux! tu n'entends donc pas le bruit de la fusillade?

— Je n'entends rien; mais je vois que tu es blessé, que tu souffres...

— Étienne, tu vas te faire tuer.

— Eh bien! je mourrai près de toi, avec toi!...

— Mais je ne le veux pas. Pense à Céline et à tes enfants!...

— Ce sont eux qui me dictent mon devoir.

Il prit le blessé dans ses bras, le souleva et parvint à se relever en le tenant fortement embrassé. Sous le feu de l'ennemi, dans la neige jusqu'aux genoux et à travers une pluie de fer, il chercha à atteindre un fourgon d'une ambulance française qui recueillait quelques blessés à cent mètres plus loin. Il n'avait pas fait la moitié du chemin, lorsque tout à coup deux escadrons de hussards prussiens débouchèrent à l'angle d'un petit bois et lui coupèrent la retraite.

Les deux sergents et une cinquantaine de mobiles furent enveloppés par les hussards et faits prisonniers.

VI

Après une résistance admirable, dans le Nord, avec Faidherbe, dans l'Est, avec Bourbaki, et dans l'Ouest, avec Chanzy, Paris, qui depuis quatre mois et demi tenait en échec deux cent cinquante mille Prussiens, Paris affamé, sans pain, agonisant, fut forcé de capituler.

Dès le mois de mars, aussitôt après la paix signée, l'Allemagne commença à rendre ses prisonniers. Nous n'avions pas moins de quatre cent mille hommes en captivité.

Jacques Pérard revint à Essex. Il souffrait encore des suites de sa blessure, mais la plaie était cicatrisée et guérie. Il avait été séparé d'Étienne Radoux dès le premier jour de leur captivité. En Allemagne, il avait cherché à savoir où il se trouvait; mais il ne put obtenir aucun renseignement précis. Il rassura Céline en lui disant qu'Étienne avait été fait prisonnier en se dévouant pour lui, qu'il n'avait reçu aucune blessure et qu'elle pouvait espérer son retour prochain.

La jeune femme s'arma de courage et de patience.

Cependant les mois s'écoulaient, et on attendait en vain des nouvelles d'Étienne. Les prisonniers étaient tous revenus, à l'exception d'un petit nombre de malades. Étienne était-il donc parmi ces derniers? Mais il devait avoir besoin d'argent, de vêtements, et, chose plus précieuse encore pour un captif, de nouvelles de ses enfants, de sa femme et de ses parents. Pourquoi n'écrivait-il pas?

Céline ne cherchait plus à cacher son inquiétude, ses angoisses, de noirs pressentiments l'agitaient, ses nuits étaient sans sommeil, les belles couleurs de ses joues s'effaçaient, ses yeux s'entouraient d'un cercle bleuâtre, car elle pleurait souvent, tous les jours, en pensant à l'absent et en embrassant les jumeaux. Tout le monde prenait part à sa peine. les marques de sympathie ne lui manquaient point. On tâchait de la consoler en lui parlant d'espérance.

— Pour me consoler, il me faut le retour de mon mari, répondait-elle, ou une lettre de lui.

Et comme Étienne ne revenait pas et qu'aucune lettre n'arrivait, la pauvre Céline restait désolée.

Étienne Radoux était-il mort? La jeune femme avait eu plus d'une fois cette sinistre pensée; elle la repoussa d'abord avec énergie, elle ne pouvait croire à un si grand malheur; mais elle revint avec plus d'opiniâtreté et il ne lui fut plus possible de l'éloigner. Certes, le silence d'Étienne et onze mois écoulés depuis la signature de la paix ne justifiaient que trop ses appréhensions.

On avait adressé deux lettres au ministre de la guerre. En réponse à la première, il promettait de faire faire immédiatement d'actives recherches au sujet du sergent Étienne Radoux et de réclamer le prisonnier à l'autorité prussienne. Il n'avait pas encore répondu à la seconde demande. Quand on en parlait à la jeune femme, elle remuait tristement la tête en disant :

— Je sais à quoi m'en tenir, le ministre ne me répondra plus.

Elle se trompait. Un matin, le facteur apporta une grande lettre. Elle venait du bureau du ministère de la guerre et était cachetée de cire noire. L'enveloppe contenait l'extrait de l'acte de décès du sergent Radoux, lequel avait été dressé au ministère, d'après des renseignements recueillis en Prusse.

Céline poussa un cri terrible et tomba roide sur le carreau. Quand elle revint à la vie, elle prit ses enfants dans ses bras et les pressa sur son cœur en les couvrant de baisers. Ses yeux restèrent secs; elle avait versé tant de larmes depuis un an, qu'elle ne pouvait plus pleurer. Mais les gémissements et les larmes ne sont pas toujours l'expression de la plus vive douleur.

— Je le porterai longtemps, dit-elle la première fois qu'elle mit son vêtement de veuve.

Madame Pérard prit le deuil comme la mère Radoux. Étienne n'était-il pas aussi son enfant? Le dimanche suivant, elle vit un large crêpe au chapeau de son fils. Jacques portait le deuil de son frère.

L'été arriva, avec ses beaux jours de soleil et de joie; mais pour Céline il ne pouvait pas y avoir de beaux jours, et encore moins de joie.

On rentra les moissons qui, en cette année 1872, furent exceptionnellement abondantes Cette magnifique récolte de céréales venait soulager beaucoup de souffrances causées par la guerre et réparer une partie des pertes cruelles éprouvées par nos campagnes. A la ferme Pérard, on s'aperçut que les deux meilleurs bras manquaient au travail. Après la fauchaison des regains, qui est, avant la semaille du blé et le battage des grains, le dernier ouvrage important de l'année pour les cultivateurs, Jacques Pérard vint trouver la veuve d'Etienne Radoux.

La jeune femme remarqua qu'il était ému plus que d'habitude et qu'il avait l'air contraint et embarrassé.

— Céline, dit Jacques d'un ton plein de gravité, je viens vous voir aujourd'hui pour causer sérieusement avec vous. Ce que j'ai à vous dire est très délicat, mais j'ai l'espoir que vous m'écouterez.

Elle le regarda avec surprise.

— D'abord, continua-t-il, je vais vous confier un secret, puis je vous adresserai une demande. Vous savez combien nous nous aimions, Étienne et moi; cette amitié datait de notre enfance. Quand il partit la première fois, vous aviez dix-huit ans, Céline, et vous étiez sa fiancée. Afin de vous consoler de son absence, obéissant d'ailleurs à ses vives recommandations, je vous vis souvent; assis près de vous, comme en ce moment, nous causions longuement de lui et de mille autres choses. J'éprouvais un charme infini à entendre le son de votre voix, et nos causeries, qui devinrent de plus en plus intimes, me procuraient un plaisir que je n'avais jamais ressenti. Que vous dirai-je encore, Céline? A votre insu, et sans que je m'en doutasse moi-même, je vous aimais.

La jeune femme tressaillit, mais elle laissa Jacques continuer.

— Quand je découvris ce qui se passait en moi, il était déjà trop tard pour mettre mon cœur en garde contre le danger. Je continuai à vous voir et j'éprouvais comme de la joie à aggraver le mal que je m'étais fait. Du reste, ce mal, cet amour sans espoir était mon bonheur! Vous aimiez Etienne, je savais combien il vous aimait aussi; pour ne pas vous effrayer, je mis le plus grand soin à vous cacher mon secret. D'ailleurs, j'avais honte de me l'avouer à moi-même. Souvent je me faisais des reproches sévères en me disant que je trahissais l'amitié.

» Ah! si Étienne n'avait pas été mon ami, mon frère, si vous ne l'aviez pas aimé, je me serais mis à vos genoux et je vous aurais dit: Céline, je vous aime; si vous ne me trouvez pas indigne de vous, *soyez ma femme!*

» J'eus pourtant des instants d'illusion; j'espérais qu'Étienne, éloigné de vous, ne se souviendrait plus à son retour de sa promesse de vous épouser. Quand j'avais cette pensée, je ne songeais point à vous. Je ne prévoyais pas votre chagrin. L'égoïsme du cœur est impitoyable !

» Étienne revint ; il ne vous avait pas oubliée. Je fus en même temps heureux et désespéré. Avec l'aide de ma raison, l'amitié l'emporta sur mon fatal amour ; mais ce ne fut pas sans souffrir beaucoup que j'obtins cette victoire. J'étouffai le sentiment de jalousie qui s'était placé dans mon cœur à côté de mon affection pour vous, et le jour où je reconnus que mon amitié pour Étienne n'était ni moins vive, ni moins sincère, il me sembla que j'étais débarrassé d'un poids énorme. Alors je relevai la tête, j'osai me retrouver en votre présence et regarder mon ami sans rougir.

» La naissance de vos chers enfants vint encore en aide à ma guérison commencée. Je partageai votre joie, et, à ce signe, je reconnus que j'étais redevenu digne de vous, Céline, de lui et de moi-même. Oui, j'avais guéri la plaie de mon cœur ; mais une racine y était restée. Et cette racine, comme celle d'une plante vivace, a repris de la force, s'est étendue et a fait renaître l'amour.

» Vous êtes veuve, Céline, voilà pourquoi je vous ai dit mon secret. C'est aussi un peu une confession, et le coupable incline sa tête devant vous en implorant son pardon. »

Depuis un instant, la jeune femme avait cessé de tirer son aiguille, mais ses yeux restaient fixés sur son ouvrege.

— Monsieur Jacques, répondit-elle d'une voix tremblante en montrant au jeune homme son beau visage rougissant, vous n'avez aucun pardon à me demander. Étienne n'est plus, j'ai pu entendre vos paroles sans me trouver offensée ; mais, si je vous ai bien compris, vous ne m'avez parlé si longuement de votre affection pour moi, — un sentiment dont je suis très honorée, monsieur Jacques, que pour me préparer à accepter une demande que vous voulez me faire...

— Oui, Céline. Ce que je ne pouvais vous dire autrefois, je vous le dis aujourd'hui : Voulez-vous devenir ma femme?

— Monsieur Jacques, je suis déjà vieille, j'ai deux enfants, vous connaissez ma pauvreté ; je ne possède d'autre bien que mon aiguille, l'instrument de mon travail ; je ne suis pas la femme qui convient au fils unique de M. Pérard.

— Les qualités de votre cœur, vos vertus, Céline, valent mieux que ma fortune. D'ailleurs, nous n'avons pas à débattre ici des questions d'intérêt : je les laisse de côté lorsqu'il s'agit de mon bonheur, de notre bonheur, si vous voulez me permettre de m'exprimer ainsi.

— C'est pour cela, monsieur Jacques, c'est parce que vous oubliez vos intérêts que je vous parle de la distance qui nous sépare.

— Et que vous refusez d'être ma femme, ajouta-t-il tristement.

— Jacques, ne dites pas que je refuse !

— C'est bien cela, pourtant : vous n'aimez pas l'ami d'Étienne ; qui sait, vous le haïssez peut-être !...

— Et pourquoi vous haïrais-je, mon Dieu ? s'écria-t-elle ; vous, toujours si bon et si dévoué pour moi !

— Céline, reprit-il en se rapprochant, vous savez que mon père et ma mère seront heureux de vous nommer leur fille; ce n'est donc point la crainte d'être repoussée par eux qui vous empêche d'accepter ma demande. Soyez franche, Céline, dites-moi toute votre pensée.

Elle releva lentement la tête, et il vit ses yeux humides. Sans rien dire, elle étendit le bras et lui montra les jumeaux qui jouaient dans la poussière à l'ombre d'un gros noyer.

Il comprit.

— Vos enfants ne sont point séparés de vous dans mon cœur et ma pensée, dit-il vivement; les orphelins d'Étienne Radoux seront mes enfants au même titre que ceux que je pourrai avoir. Mon intention a toujours été de les adopter en vous donnant mon nom. Je n'oublie pas ce que je dois à la mémoire d'Étienne et je vous connais trop bien, Céline, pour avoir pu supposer que vous associeriez votre existence à la mienne sans me demander pour vos enfants la place qui leur est due dans la famille.

— Votre cœur est grand et généreux, Jacques, répondit-elle.

— Vous l'occupez tout entier avec vos enfants.

— Chers petits !...

— Ils ont retrouvé un père.

Le visage de la jeune femme s'éclaira et parut rayonnant.

— Ainsi, vous voulez être leur père? fit-elle.

— Oui.

— Et vous les aimerez beaucoup ?

— Peut-être plus que s'ils étaient les miens.

Elle avança sa main et la mit dans celle du jeune homme.

— Étienne, votre ami, n'est pas oublié, lui dit-elle ; mais je vous aimerai.

Un mois après, la veuve d'Étienne Radoux était la femme de Jacques Pérard.

VII

On était au mois de février, un des plus tristes de l'année. A cette époque les nuits sont longues et les veillées aussi. C'est ce que pensait madame Cordier, qui se trouvait bien seule et bien isolée depuis le mariage de Céline. On lui avait cependant offert une chambre à la ferme, mais elle avait préféré rester dans sa petite maison, pleine de souvenirs chers à son cœur. C'est en s'entretenant avec eux, en leur demandant de lui sourire qu'elle essayait de charmer sa solitude. D'ailleurs, habituée au travail, et bien qu'elle n'eût plus à songer comme autrefois aux soucis du lendemain, elle ne restait jamais oisive. C'était encore un moyen de chasser l'ennui. C'est elle qui reprisait le linge de la ferme, filait le chanvre et le lin, confectionnait les vêtements des jumeaux et leur tricotait des petits bas.

Un soir, elle travaillait, assise près de son feu, promenant sa rêverie à travers son passé. Tous les chagrins, toutes les tristesses, toutes les joies, tous les bonheurs qui avaient accompagné sa vie passaient, tour à tour, devant le regard de son âme, ressuscités par le souvenir. C'était un nombreux cortège, où rarement le sourire apparaissait au milieu des larmes.

Neuf heures venaient de sonner.

Tout à coup la porte de la maison s'ouvrit et un homme entra.

A sa vue, madame Cordier se leva effrayée et chercha à se retrancher derrière un meuble. En effet, l'aspect de l'inconnu n'avait rien de rassurant. Il avait la barbe longue, et ses cheveux mal peignés tombaient sur son cou et encadraient son visage pâle d'une maigreur affreuse. Il était coiffé d'un chapeau de feutre à larges bords ; il portait un pantalon de gros drap et une longue blouse de laine noire serrée au-dessus des hanches avec une corde.

Il referma la porte, ôta son chapeau et s'avança vers madame Cordier.

— N'ayez pas peur, dit-il d'une voix que l'émotion rendait tremblante.

Le son de cette voix fit tressaillir la vieille femme.

— Quoi, reprit-il d'un ton douloureux, vous ne me reconnaissez pas? Je suis donc bien changé?

— Non, je ne vous connais pas.

— Vous détournez les yeux... regardez-moi donc! Je suis Étienne, votre fils!...

— Étienne! Étienne! Oh! Seigneur, mon Dieu! s'écria madame Cordier.

Et elle s'affaissa sur un siège.

Il courut à elle, se mit à genoux, lui prit la tête dans ses mains et l'embrassa à plusieurs reprises.

— Maintenant, me reconnaissez-vous? fit-il gaiement.

Elle répondit par un sourd gémissement.

Il se releva et, effrayé à son tour, il regarda tout autour de lui.

— Mère, où est Céline? où sont les enfants? demanda-t-il.

Madame Cordier se courba et cacha son visage dans ses mains.

— Malheur! s'écria-t-il, ma femme est morte!

Il chancelait sur ses jambes comme un homme ivre.

— Mais répondez-moi donc, mère, répondez-moi donc! reprit-il d'une voix rauque.

— Étienne, Céline n'est pas morte, balbutia madame Cordier.

— Ah! ah! fit-il.

Il chercha un appui contre un meuble. Et là, la tête penchée sur sa poitrine, il éclata en sanglots.

— Comme cela fait du bien de pleurer un peu, disait-il.

— Seigneur, mon Dieu! ayez pitié de nous! murmurait la vieille femme.

Au bout d'un instant, étant parvenu à se calmer, il vint s'asseoir tout près de madame Cordier.

— Mère, dit-il, pour la première fois de ma vie, je crois, je viens de connaître l'épouvante. A cette pensée que Céline, ma chère femme, n'était plus, il m'a semblé que la maison, le ciel s'écroulaient sur moi et que j'étais écrasé... Vous ne me dites rien, pourquoi ne me parlez-vous pas? N'êtes-vous pas heureuse de me revoir?

Madame Cordier restait sans voix : la stupeur, une douleur poignante la rendaient muette.

— C'est étrange, reprit-il, je comptais sur un autre accueil... on dirait que je suis un étranger pour vous. Céline est allée passer la veillée chez quelqu'un, mais les enfants... ils sont là, ils dorment...

Il indiquait de la main la porte fermée de la seconde chambre.

— Oh ! j'ai hâte de les embrasser, fit-il.

Il se leva, prit la lampe et se dirigea vers la pièce où il pensait trouver ses enfants endormis.

— Etienne, les enfants ne sont pas ici, dit madame Cordier.

— Je ne vous comprends pas, que voulez-vous dire ?

— Céline et eux ne restent plus avec moi.

— Ma femme vous a quittée, vous, sa vieille mère ! Que s'est-il donc passé ?

— Etienne, Étienne... Ah ! vous me faites mourir !

— Ce n'est pas me répondre, cela. Mère, je vous le demande encore une fois : Où est Céline, où sont mes enfants ?

La vieille femme se redressa lentement.

— Je croyais avoir beaucoup souffert dans ma vie, murmura-t-elle ; eh bien ! non, en ce moment seulement je connais les horribles tortures de l'âme et du cœur ! Etienne, continua-t-elle en s'adressant au jeune homme, depuis plus de deux ans vous étiez loin d'ici, et rien n'est venu nous dire que vous viviez encore. Pourquoi avez-vous gardé le silence, pourquoi n'avez-vous pas écrit ?

— Pourquoi ? parce que je ne le pouvais pas. Plus tard, mère, plus tard je vous raconterai tout... mais vous devez comprendre que je n'aie en ce moment qu'une seule idée : revoir ma femme et mes enfants.

— Nous vous avons cru mort, poursuivit madame Cordier ; Céline, moi, vos parents, tout le monde. Nous avons fait dire des messes pour le repos de votre âme, nous avons porté des habits de deuil.

— A quoi bon me dire tout cela ? vous voyez bien que je ne vous écoute pas.

— Il faut pourtant que vous m'écoutiez, mon fils, il le faut... Céline ne voulait pas croire à votre mort. Elle espérait toujours vous revoir et elle répétait : « Il reviendra. » Le temps passait, les mois s'écoulaient. Les prisonniers étaient tous revenus, et vous n'étiez pas avec eux. D'ici, on écrivit au ministre, — c'est M Gérard, le maire, qui fit les deux lettres. Le ministre s'informa, vous fit chercher en Prusse, puis un jour Céline reçut un papier qui était votre acte de décès. Comment se fait-il qu'à Paris aussi on vous ait cru mort ? Je n'en sais rien. Nous, ici, nous ne pouvions plus douter ; c'est alors qu'on porta votre deuil. On avait déjà bien pleuré, on pleura encore.

— Oui, fit Etienne, pendant que je souffrais là-bas, ici on était désolé.

— Oh ! oui, bien désolé, reprit madame Cordier. Ainsi, Céline était veuve et ses deux enfants n'avaient plus de père ; c'était triste, bien triste...

— Cette pensée que ma femme me pleurait et qu'elle croyait nos enfants orphelins, me fit souffrir mille fois plus que les brutalités des Prussiens... Mais les jours mauvais sont passés : Dieu rend à la femme qui se croyait veuve son mari et aux enfants leur père.

— Non, Etienne, non, répliqua madame Cordier d'une voix presque solennelle, les mauvais jours ne sont point passés.

Et mentalement, levant les yeux vers le ciel :

— Mon Dieu, donnez-moi la force et soutenez mon courage !

Le jeune homme sentit un frisson courir dans tous ses membres.

— Mère, dit-il d'une voix anxieuse, vos paroles ont fait passer la terreur et l'effroi dans tout mon être. Parlez : quel est l'effroyable malheur qui m'attend ici ?

— Etienne... commença madame Cordier.

Puis, détournant la tête :

— Oh ! fit-elle avec désespoir, jamais, jamais je ne pourrai lui dire la vérité !

— Mais, si épouvantable qu'elle soit, cette vérité, je dois, je veux la connaître.

— C'est vrai, vous devez la connaître, répondit douloureusement madame Cordier. Etienne, Céline se croyait veuve... elle s'est remariée !

Il poussa un cri sourd, horrible ; ses yeux s'ouvrirent démesurément, il étendit les bras et tomba à la renverse.

Quand les soins de madame Cordier l'eurent rappelé à la vie, elle l'aida à se relever et à s'asseoir dans un fauteuil. Mais ce ne fut que longtemps après qu'il parvint à ressaisir ses idées et à avoir conscience de son affreuse situation. Soudain il se leva et bondit au milieu de la chambre.

— Mariée ! mariée ! exclama-t-il ; mais je ne suis pas mort, ce mariage est nul... Ma femme m'appartient, je la reprendrai, la loi est pour moi.

Puis, marchant de long en large avec agitation, il répétait des phrases et des mots sans suite, incohérents, qui révélaient le trouble de son esprit.

Enfin il se rapprocha de madame Cordier et la pria de lui tout raconter.

Quand elle eut fini, elle ajouta :

— Ne maudissez ni moi, ni Céline, ni Jacques Pérard. C'est parce qu'il vous aimait, c'est en souvenir de l'amitié qui vous unissait qu'il a cru remplir un devoir en épousant Céline et en adoptant vos deux enfants. Céline pouvait-elle méconnaître la générosité de votre ami ? Pouvait-elle résister lorsqu'il s'agissait de l'avenir des enfants ?... Elle ne vous avait pas oublié, pourtant ; elle vous aimait toujours.

— Et maintenant, elle aime Jacques ?

— Je crois qu'elle commence à l'aimer.

Le malheureux poussa un profond soupir, et des larmes trop longtemps retenues s'échappèrent en abondance et baignèrent ses joues.

— Ah ! reprit madame Cordier, si un mot de vous était venu nous dire que vous existiez, c'est la joie, c'est le bonheur, qui accueilleraient aujourd'hui votre retour... Pourquoi n'avez-vous pas écrit ?

— Je vais vous le dire :

« Un jour, il n'y avait pas deux semaines que j'étais en Prusse, — pour avoir refusé de faire une corvée qui me répugnait, laquelle d'ailleurs n'était pas dans mon service, un officier prussien, à peine âgé de vingt ans, cingla ma figure avec une baguette qu'il tenait à la main. Furieux, je m'élançai sur lui et le frappai violemment au visage. On m'arrêta, et je fus jeté dans un cachot. Je passai devant une sorte de conseil de guerre qui me condamna à mort. J'attendais le moment fatal, et j'avais écrit une lettre que j'espérais faire parvenir à Céline. Je pensais que cette dernière consolation ne serait pas refusée à un mourant. Le lendemain on vint me prendre dans ma prison, mais au lieu de me conduire devant un peloton d'exécution, on me mena au chemin de fer et je partis pour le fond de la Prusse, du côté de la Pologne. Je n'ai jamais su ni pourquoi ni grâce à quelle intervention ma peine avait été commuée en celle de la prison perpétuelle dans une forteresse.

» Entre les quatre murs d'une cellule étroite et glacée, si basse de voûte que je ne pouvais m'y tenir debout, voyant à peine le jour, le soleil jamais, il m'est impossible de dire les souffrances que j'ai endurées. Vingt fois, cent fois, j'ai demandé la permission d'écrire et supplié qu'on fît passer de mes nouvelles en France. Toujours on avait l'air de ne pas comprendre, ou on me répondait par des ricanements farouches. J'aurais pu, peut-être, acheter ce service ; mais je n'avais pas sur moi de l'or pour payer la complaisance de mes geôliers. Et c'est dans les larmes, le désespoir ou des transports de colère et de rage impuissante que j'ai passé de longs mois, ignorant tout et n'entendant jamais parler qu'une langue détestée que je ne comprends pas. Enfin, il y a un mois, je parvins à tromper la vigilance de mes gardiens et à m'échapper de ma prison en risquant vingt fois ma vie. C'est en mendiant à travers la Hongrie, l'Autriche, l'Italie et la France, que j'ai fait la route à pied.

» Je revenais pour eux; hélas! je ne croyais pas que le bonheur me fût à jamais défendu. Pourquoi, condamné à mort, n'ai-je pas été fusillé?... Pourquoi ne suis-je pas mort dans mon cachot?... Pourquoi, en m'évadant, n'ai-je pas reçu dans la tête la balle d'une sentinelle ?...·pourquoi? pourquoi? Ah! je le comprends!... il fallait qu'une nouvelle douleur, une douleur épouvantable, inouïe, me fît en un instant oublier toutes les autres.

» Ah! s'écria-t-il les doigts crispés sur son crâne, maudit soit le jour où je suis né!... »

Après cette dernière explosion de son désespoir, ses bras tombèrent inertes à ses côtés, sa tête s'inclina, et il resta immobile, comme écrasé sous le poids de son malheur et de la fatalité.

— Étienne, qu'allons-nous faire? demanda madame Cordier d'une voix tremblante.

— Il est tard, répondit-il; vous, ma mère, vous allez vous reposer. Moi, si vous le permettez, je passerai le reste de la nuit ici, sur cette chaise.

— N'êtes-vous pas ici dans votre maison, mon cher enfant?

— C'est vrai, fit-il avec un sourire navrant.

— Étienne, vous devez être très fatigué, je vous cède mon lit; je veillerai jusqu'au jour dans mon fauteuil.

— Non, dit-il, non, je ne veux pas me coucher. Ah! ah! ah! fit-il avec un rire étrange, me coucher, dormir... comme ce serait facile! Demain, je ne dis pas, oui, demain...

— Alors, je resterai près de vous, Étienne : je ne veux pas vous quitter.

VIII

Dès que le jour parut, madame Cordier s'occupa du déjeuner. Étienne ne voulait rien accepter. A force d'instances, elle parvint à lui faire manger deux œufs à la coque et boire un demi-verre de vin vieux.

— Vous avez longuement réfléchi : avez-vous pris une décision? lui demanda-t-elle.

— J'ai longuement réfléchi et j'ai pris une décision, répondit-il.

— Qu'allez-vous faire?

Cette question, si naturelle, le fit tressaillir.

— Je vais aller à la ville, dit-il.

— Vous avez raison, Étienne; avant tout, vous devez consulter les magistrats.

Après un moment de silence, il reprit :

— Je voudrais bien, avant de partir, embrasser mes enfants. Ne pourriez-vous pas aller à la ferme et revenir avec eux?

— Je ferai tout ce que vous voudrez, Étienne. Faudra-t-il prévenir Jacques et Céline?

— Sur la tête de votre fille, mère, sur celles de

vos petits-enfants, je vous conjure de ne pas dire un mot! répondit-il vivement.

— Je me tairai, dit-elle.

Elle mit une coiffe blanche, jeta un fichu sur ses épaules et sortit.

Elle revint au bout d'une demi-heure, amenant les enfants.

Étienne les entoura de ses bras et les tint serrés sur sa poitrine. Ensuite il les mit sur ses genoux, prit dans ses mains les deux petites têtes blondes et les couvrit de baisers.

— Comme ils sont grandis! comme ils sont beaux! se disait-il.

Les enfants se laissaient caresser sans rien dire; ils n'étaient pas effrayés, mais la petite fille, plus timide que son frère, semblait vouloir cacher sa figure; ce dernier regardait en dessous Étienne, dont la longue barbe paraissait vivement l'intéresser.

Le pauvre père aurait bien voulu les interroger, les faire causer. Au milieu de son malheur, c'eût été pour lui une grande joie. Il se la refusa, dans la crainte de se trahir. Il les embrassa encore une fois, puis il se leva en disant :

— Je pars.

Madame Cordier lui mit dans la main ses petites économies, deux billets de vingt francs.

— C'est plus qu'il ne me faut, dit-il.

Il mit son chapeau, qu'il enfonça sur ses yeux; par surcroît de précautions, il enveloppa le reste de son visage avec un vieux cache-nez de laine. Il sortit par une porte de derrière ouvrant sur les jardins.

Pour gagner la grande route, il devait traverser une sorte de vallée au fond de laquelle coule une petite rivière bordée de vieux saules aux troncs tordus.

En été, pendant les jours de grande sécheresse, la rivière est souvent à sec; on peut alors la franchir facilement en plusieurs endroits, en passant sur de grosses pierres.

Mais les pluies des jours précédents et la fonte des neiges avaient amené une crue; la rivière débordait sur plusieurs points.

Devant cet obstacle, Étienne éprouva une vive contrariété.

Il savait qu'en remontant vers le village, il trouverait une passerelle; mais il lui fallait se rapprocher des maisons, ce qu'il avait voulu éviter d'abord, dans la crainte de rencontrer quelqu'un et d'être reconnu, ce qu'il eût considéré comme un véritable malheur.

En effet, si sa présence dans le pays venait à être connue, sa position déjà si affreuse devenait plus horrible encore et il ne lui était plus possible de mettre à exécution un projet qu'il avait conçu dans la nuit.

La ville est à six lieues d'Essex, et il était absolument nécessaire qu'il s'y rendit. Voulant revenir au village le soir même, de bonne heure, il avait donc douze lieues à faire à pied; car toujours pour ne pas risquer d'être reconnu, il ne voulait pas se servir des voitures publiques.

Or il était déjà tard, et il n'avait pas une minute à perdre.

On devine son désappointement lorsqu'il se vit tout à coup arrêté dans sa marche par le cours d'eau.

Il se trouvait placé entre ces deux alternatives :

Descendre en suivant la rive droite de la rivière, afin d'aller la traverser sur un pont de pierre à environ une lieue de distance, ou affronter le voisinage des habitations en remontant jusqu'à la passerelle, qui n'était pas à plus de trois cents mètres de lui.

Dans le premier cas, obligé de suivre les méandres du cours d'eau et de marcher souvent dans les terres ensemencées et détrempées par les pluies, pour se détourner des terrains bas submergés, il calcula qu'il perdrait au moins deux heures.

Il hésita un instant. Mais, devenu libre après plusieurs années de captivité, il savait combien est précieuse la liberté ; il ne put se résoudre à dépenser deux heures inutilement.

Il revint vers Essex, se dirigeant du côté de la passerelle.

A chaque pas, une pierre, un buisson, un arbre, un accident de terrain, un objet quelconque frappait son regard et lui rappelait un souvenir, une de ses joies d'autrefois.

Au milieu d'un pré, il s'arrêta devant un grand peuplier.

Il était sous le coup d'une émotion extraordinaire. De grosses larmes roulaient dans ses yeux.

Sur le tronc de l'arbre, il retrouva un E et un C, et au-dessous une date.

Quinze ans auparavant, avec la pointe d'une lame de couteau, il les avait gravés dans l'écorce.

Ces deux initiales, cette date, avaient été comme le prologue de l'histoire de son bonheur. Jamais il ne l'avait oubliée, cette date mémorable

Ce jour-là, près du peuplier, Céline et lui s'étaient rencontrés : l'arbre avait des feuilles, des oiseaux chantaient cachés dans ses branches; l'herbe était fleurie, dans le ciel bleu, le soleil souriait.

Pour la première fois, il avait osé toucher la main de Céline en lui disant :

— Je vous aime!

Et ce même jour, les yeux baissés, Céline lui avait répondu :

— Si ma mère y consent, je serai votre femme!

Le malheureux ne pouvait s'éloigner de cet arbre qui, impitoyable raillerie ! portait encore les traces de son bonheur détruit.

— Le printemps qui va venir, pensait-il, lui rendra sa verte parure; les oiseaux viendront encore chanter dans ses branches ; en juin, sous son ombrage, les faneuses se reposeront comme tous les ans .. Le printemps et l'été rendent tout à la terre ! Et Dieu qui a tout créé, Dieu qui peut tout, ne me rendra pas mon bonheur perdu !...

Un sanglot déchirant s'échappa de sa poitrine ; il poussa un cri sourd, désespéré, et s'éloigna brusquement.

Une nouvelle épreuve, plus douloureuse et plus cruelle encore, l'attendait un peu plus loin.

Au bord de la rivière, à vingt pas de la passerelle, deux hommes étaient occupés à mettre en fagots les branches récemment coupées d'une vingtaine de vieux saules.

Dans ces deux hommes, Étienne reconnut son père et un de ses frères.

Depuis deux ans, le père Radoux avait bien vieilli. Il était encore fort et robuste ; mais ses cheveux étaient devenus tout blancs et des rides profondes se creusaient sur son front et ses joues.

— Pauvre père ! se dit Étienne ; il m'aimait bien aussi, lui !... Est-ce donc le chagrin qui l'a changé ainsi, en si peu de temps ?

Son premier mouvement, mouvement irréfléchi sans doute, mais bien naturel, fut de s'élancer vers le vieillard, prêt à lui crier :

— Celui que vous avez pleuré, que vous regrettez encore, n'est pas mort ; je suis Étienne, je suis votre fils !. .

Mais aussitôt une sorte de terreur s'empara de lui ; il lui sembla que des pointes acérées s'enfonçaient dans son cœur. Le cri qu'il allait jeter s'arrêta dans sa gorge serrée ; un nuage passa devant ses yeux ; il chancela, mais il resta debout ; le souvenir de sa femme, de ses enfants, de Jacques le rendit maître de lui-même.

Il se redressa plus fort et plus énergique et, croyant ne pas avoir été aperçu, il se jeta dans un chemin creux, derrière une haie, afin de continuer son chemin vers la passerelle.

Mais si rapide qu'eût été son mouvement, il n'avait pas échappé au père Radoux, qui, ayant lié son fagot, se relevait juste au moment où il sautait derrière la haie.

— As-tu vu cet individu qui marche là-bas dans la ruelle des jardins ? demanda le vieillard à son fils.

— Oui, père, je l'ai vu.

— On dirait qu'il a eu peur de nous.

— C'est certain, mon père.

— Si telle est aussi ton idée, c'est assez drôle.

— C'est probablement un vagabond, qui aurait encore plus grand' peur des gendarmes que de nous.

— Ou bien un pauvre diable qui cherche du travail ou du pain, répliqua le père Radoux.

— Voulez-vous que je coure après lui ?

— L'inquiéter ! pourquoi ? Achève ton fagot, mon garçon, cela vaudra mieux.

En ce moment, Étienne traversait la rivière sur la passerelle.

— C'est vraiment un gaillard bien bâti, reprit le père Radoux. Il a la taille et la tournure de ton frère, mon pauvre Étienne : ne trouves-tu pas ?...

Et au souvenir de son fils, deux grosses larmes tombèrent sur les joues du vieillard.

— Allons, fit-il avec brusquerie et comme s'il eût été mécontent de lui-même, travaillons ! il faut que nous ayons achevé notre ouvrage pour l'heure de la soupe.

Étienne s'éloignait rapidement. Un instant après, il était sur la grande route.

IX

A deux heures, il entrait dans la ville. Il n'y resta qu'une demi-heure. Vers huit heures du soir, il était de retour à Essex. Au lieu de se rendre chez madame Cordier, qui l'attendait sans doute, il se dirigea du côté de la ferme. Il voulait voir Céline, ou au moins entendre sa voix. Quel moyen allait-il employer? Il ne le savait pas. A la faveur de la nuit, en se glissant le long des murs, en rampant, il pensait pouvoir s'approcher assez près de l'habitation pour voir et entendre sans qu'on pût soupçonner sa présence. Il n'était pas sans inquiétude pourtant, car tromper la vigilance du chien de garde n'était pas chose facile. Les aboiements de l'animal pouvaient le dénoncer et le forcer de se tenir à distance.

Mais, ce soir-là, Jacques était allé à une vente de nuit au village voisin, et le chien avait suivi son maître. Etienne put s'approcher de la maison sans être inquiété. Il en fit le tour plusieurs fois. A neuf heures une chambre du rez-de-chaussée s'éclaira, il s'en approcha et à travers les vitres, et les rideaux, il plongea un regard avide dans l'intérieur.

Sa patience était récompensée : dans cette chambre, il vit Céline et ses deux enfants. La jeune femme était assise et les enfants agenouillés ; ils disaient leur prière avant de se coucher. Dans un angle se trouvait leur petit lit en face d'un autre lit plus grand.

Etienne sentit des gouttes de sueur froide sur son front ; il crut que son cœur allait se briser dans sa poitrine tant il battait fort. Appuyé contre le mur, le visage collé contre le carreau, rien de ce qui se passait dans la chambre ne pouvait lui échapper.

La voix de Céline se fit entendre :

— Maintenant, disait-elle, vous allez prier pour

votre autre papa, celui qui est dans le ciel auprès du bon Dieu.

Etienne arrêta dans sa gorge un sanglot prêt à s'échapper.

Un instant après, la jeune mère aida les enfants à grimper sur ses genoux, et, pendant quelques minutes, ce ne fut qu'une suite de baisers reçus et rendus.

— Maman, dit tout à coup le petit Jacques, tu nous tiens et tu nous embrasses comme le monsieur de ce matin chez grand'maman.

— Mon ami, répondit la mère, le monsieur vous a trouvés gentils tous les deux, et il vous a embrassés parce que vous avez été bien sages.

— Ah ! il était bien vilain, avec ses grands cheveux, ses grands yeux, sa grande barbe, dit la petite fille ; il m'a fait peur !

— Moi, je n'ai pas eu peur, répliqua Jacques. J'ai bien vu que le monsieur n'était pas méchant. D'abord il pleurait... Les hommes méchants ne pleurent pas, n'est-ce pas, maman ?

— C'est vrai, mon ami. D'après ce que vous m'avez dit tantôt, il vous a embrassés sans vous parler ?

Le petit Jacques et sa sœur répondirent par un mouvement de tête.

— Et puis il est parti ?

— Et grand'maman lui a donné des sous, parce qu'il est pauvre.

Il a sans doute des petits enfants comme vous, et avec l'argent de votre grand'maman il a pu leur acheter du pain. Il y a beaucoup de malheureux sur la terre, mes enfants, lorsqu'il s'en présentera un à la ferme, ne le repoussez jamais.

Après le récit que ses enfants lui avaient fait dans la journée, Céline, poussée par un sentiment de curiosité très excusable, avait interrogé sa mère au sujet de ce qui s'était passé chez elle le matin.

Madame Cordier avait répondu :

— Tout cela est vrai : un inconnu, probablement un mendiant, est entré chez moi ; il était fatigué, il m'a demandé la permission de se reposer un instant, ce que je ne pouvais lui refuser. Les enfants étaient là, il les a pris sur ses genoux et les a embrassés. Je ne voyais pas de mal à cela, je l'ai laissé faire.

La jeune femme s'était trouvée satisfaite.

Lorsqu'elle eut couché les jumeaux, elle sortit doucement, et la chambre retomba dans l'obscurité.

Étienne se redressa; il passa plusieurs fois ses mains sur son front glacé ; un soupir s'échappa de sa poitrine oppressée, et il s'éloigna rapidement.

Le lendemain, un boucher des environs vint à la ferme pour acheter des moutons. Après avoir réglé son compte avec Jacques et remis l'argent dans les mains de Céline, il leur dit :

— Vous ne savez probablement pas encore l'événement de la nuit dernière ! A deux lieues d'ici, près de Montigny, dans un enclos, à vingt pas de la route, on a trouvé ce matin le cadavre d'un homme.

— Assassiné ! s'écria le fermier.

— Si l'on en croit les médecins, ce serait un suicide. Le malheureux s'est fait sauter la cervelle d'un coup de pistolet. On a trouvé l'arme près de lui.

— Oh ! c'est horrible ! dit Céline.

— Est-ce un homme du pays ?, demanda Jacques.

— Personne ne l'a reconnu. Du reste, c'eût été fort difficile, car, avant de se tuer, il s'était affreusement brûlé la figure avec du vitriol.

— Il n'avait pas de papiers sur lui ?

— Aucun papier. C'était un homme robuste, jeune encore, pauvrement vêtu ; il avait la barbe et les cheveux longs.

— De longs cheveux, une grande barbe !... murmura Céline.

— On suppose, poursuivit le boucher, que c'était un mendiant ou un évadé de quelque prison, et qu'il s'est donné la mort pour échapper au malheur de vivre.

— De longs cheveux, une grande barbe !... murmura encore la jeune femme.

Et, sans prévenir son mari, elle sortit de la ferme et courut chez sa mère.

— La nuit dernière, près de Montigny, un homme s'est suicidé, lui dit-elle. On a trouvé son corps ce matin. Pour ne pas être reconnu, il s'était défiguré avec du vitriol.

Madame Cordier devint très pâle ; elle avait attendu Étienne toute la nuit : elle comprit tout.

— Ma mère, continua Céline, trop vivement émue pour s'apercevoir du trouble de la vieille femme, cet homme, ce malheureux est celui qui, hier matin, ici, a embrassé mes enfants.

— Quelle idée! balbutia madame Cordier.

— Le suicidé a de longs cheveux, une longue barbe...

— Tous les hommes peuvent être ainsi, répondit la vieille mère; ils n'ont qu'à laisser pousser leurs cheveux et leur barbe.

— Ma mère, reprit Céline de plus en plus agitée, tout à l'heure, quand on a parlé de ce malheureux, je ne sais ce qui s'est passé en moi : j'ai pensé à Étienne!

— A Étienne! Le pauvre enfant est mort en Prusse, lui, il y a longtemps.

— Vous avez raison, ma mère. Ah! je suis folle!...

Elle se laissa tomber sur un siège et se mit à sangloter.

Madame Cordier se disait :

— Dans mon cœur, seule, jusqu'à mon dernier jour, je porterai une seconde fois son deuil.

PÉCHÉ D'ORGUEIL

I

Deux jeunes filles étaient assises sur un banc de mousse. Des branches de lilas en fleur, arquées au-dessus de leurs têtes, les protégeaient contre l'ardeur du soleil. Quelques rares rayons glissaient parfois à travers le feuillage et venaient illuminer les deux gracieux visages.

Elles étaient à peu près du même âge : Lucile touchait à sa dix-neuvième année et Rosalie, sa cousine, avait vingt ans.

Jolies toutes les deux, elles ne pouvaient être jalouses l'une de l'autre. Leur position était cependant bien différente : Le père de Lucile était le plus riche cultivateur de Millières; ses nombreuses propriétés, disséminées sur le territoire de la commune, éveillaient, par leur valeur et leur étendue, l'envie des autres propriétaires.

Rosalie était orpheline, et ses parents, qu'elle avait perdus en bas âge, ne lui avaient laissé qu'un très modeste patrimoine.

Lucile pouvait espérer faire un bon mariage : on

comptait au moins une douzaine de jeunes gens qui aspiraient à devenir son mari.

Aucun ne se présentait pour Rosalie.

On lui disait bien :

« Vous êtes charmante ! »

Mais c'était tout. Le nombre des prétendants à la main de sa cousine augmentait chaque jour, et elle, la pauvre Rosalie, était toujours dédaignée. Elle savait bien pourquoi : hélas ! elle était pauvre !...

On parle des habitants des villes, qui font du mariage une spéculation seulement, une question d'intérêt; mais il faut vivre avec le paysan pour savoir jusqu'où va la rapacité de ses calculs, quand il s'agit de se donner une compagne. Il lui faut fortune pour fortune, terre pour terre, et, si cela lui était possible, un sou contre un sou. C'est triste à dire, cela est pourtant. Les exceptions sont si rares, qu'il n'en faut point parler.

Les deux cousines gardaient le silence. Lucile lisait, Rosalie terminait un travail de couture.

. Lucile lisait ; elle aimait la lecture avec passion. Elle dévorait les pages brûlantes d'un roman de Georges Sand, « *Mauprat,* » et se laissait entraîner par la couleur, la puissance et la magie du style de l'illustre éccivain.

Chez une paysanne, cela peut paraître étrange. Mais Lucile Blanchard, placée dans la meilleure institution de la ville, avait reçu une éducation brillante ; depuis un mois seulement elle était revenue chez son père.

Douée d'une organisation vraiment belle, son intelligence s'était développée d'une manière admirable. Mais son instruction et son esprit, si désirables chez une femme qui doit briller un jour dans le monde, ne pouvaient produire qu'un fort mauvais effet chez cette jeune fille, destinée à vivre dans un village, en lui donnant des idées bien au-dessus de sa condition.

Elle dansait avec grâce, dessinait passablement, parlait purement sa langue, chantait et jouait du piano. Aussi, était-elle fière de posséder ces divers talents.

Elle se trouvait bien supérieure à sa cousine.

Lucile était une grande demoiselle et Rosalie une pauvre fille de campagne, bien modeste, bien simple, dont toute la science se bornait à manier adroitement l'aiguille, à travailler aux champs et à tenir un ménage.

Pendant plus d'une heure, les deux cousines restèrent absorbées, l'une par son travail, l'autre par sa lecture.

Enfin, Lucile ferma son livre et le posa près d'elle.

— Ce que vous lisez doit être bien amusant, ma cousine? dit Rosalie.

— Oui, parce que je le comprends ; mais je t'assure que ce livre ne t'intéresserait guère.

— Comme vous êtes heureuse d'être savante!

Un sourire amer plissa les lèvres de Lucile.

— Heureuse! heureuse! répliqua-t-elle, je ne m'en aperçois pas. La vie qu'on mène ici est insupportable.

— Oh! ma cousine! fit Rosalie.

— Je ne vois autour de moi que des personnes

grossières, sans éducation... des paysans, ajouta-t-elle avec dédain.

— Que vous manque-t-il donc, ma cousine? reprit Rosalie avec surprise : vous êtes riche, vous êtes belle, et tout le monde vous aime.

Lucile haussa les épaules.

— Ce qui me manque, dit-elle, c'est la vie. Je ne puis vivre au village, j'y meurs d'ennui.

— Ma foi, ma cousine, je ne vous comprends pas.

— Je me comprends, moi... Écoute, Rosalie, crois-tu que je pourrai jamais travailler dans les champs et m'occuper, comme ma mère, de l'intérieur d'une ferme?

— Mais oui, je le crois.

— Eh bien, tu te trompes.

— Vous vous habituerez au travail, ma cousine, et, quand vous serez mariée...

— Mariée!...

Lucile n'acheva pas sa phrase, les mots expirèrent sur ses lèvres. Un jeune paysan venait de s'arrêter devant elle.

— Monsieur Georges! dit Rosalie.

Et aussitôt ses joues se couvrirent de rougeur.

Lucile fit un mouvement d'impatience. Evidemment l'arrivée du jeune homme la contrariait.

Rosalie se leva, enroula son ouvrage et s'en alla, après avoir jeté sur Georges un regard doux et timide.

Le jeune paysan s'assit à la place que Rosalie venait de quitter.

Il pouvait avoir vingt-cinq ans; c'était un grand

et beau garçon, d'une figure agréable et distinguée, un peu timide, mais sans gaucherie; ses traits, bien accusés, annonçaient une certaine fermeté de caractère, et ses grands yeux noirs, au regard assuré, révélaient la beauté de son âme.

— J'ai interrompu votre conversation, mademoiselle, dit Georges, mais j'espère que vous voudrez bien m'excuser. Votre mère m'a envoyé vers vous.

— Auriez-vous quelque chose à me dire, monsieur?

— Oui, mademoiselle.

— Je vous écoute, monsieur.

— Vos parents, mademoiselle, vous ont déjà parlé de moi; ils vous ont fait part d'une demande que je leur ai adressée. Accueilli par eux, mademoiselle, ils m'ont autorisé à vous dire combien je désire que ma demande soit agréée par vous.

La jeune fille resta silencieuse dans l'attitude d'une personne livrée à de profondes réflexions.

— Mon bonheur dépend de vous, mademoiselle Lucile, continua Georges; je serai bien heureux si vous voulez être ma femme.

— Je suis très flattée de votre recherche, monsieur Georges, répondit-elle enfin d'un ton légèrement railleur; mais je dois vous déclarer que je ne suis point, quant à présent, décidée à me marier.

— Dites-moi d'attendre, mademoiselle, et je vous obéirai.

— Vous dire d'attendre serait vous donner un espoir, monsieur, reprit-elle; je préfère vous avouer franchement, que je ne veux pas me marier.

Le jeune paysan pâlit. Il se réveillait au milieu d'un beau rêve.

— Adieu, monsieur, dit Lucile en se levant.

Et elle se dirigea vers la maison.

Georges la suivit à quelque distance, la tête baissée. Au lieu d'entrer à la ferme, il traversa la cour pour gagner la rue. M. Blanchard le joignit à la porte.

— Eh bien? lui dit-il.

Georges secoua tristement la tête.

— Qu'a-t-elle dit? demanda le fermier.

— Elle ne veut pas se marier.

— Toutes les jeunes filles commencent par dire comme cela; c'est leur coquetterie. Il ne faut pas te décourager, mon garçon. Demain, Lucile aura changé d'idées. Du reste, j'aurai ce soir avec elle un entretien sérieux.

Georges serra la main du fermier et le quitta.

Pendant que le jeune homme parlait à M. Blanchard, Rosalie, debout devant une fenêtre, épiait, d'un regard anxieux et inquiet, tous ses mouvements. Elle vit sa tristesse et en devina le motif.

Un éclair de joie illumina son front.

II

Le soir, après le souper, lorsque les domestiques se furent retirés, M. Blanchard appela Lucile et la fit asseoir entre lui et sa femme, qui faisait tourner son rouet au clair de lune.

— Ma fille, lui dit-il, tu as causé tantôt avec

Georges Villeminot; tu as dû lui dire des choses bien dures, car il était triste en te quittant.

— Je lui ai dit simplement que je ne voulais pas me marier.

— Afin de le contrarier, dit le père en souriant.

— J'ai dit la vérité, mon père, je ne veux pas me marier.

— Georges est pourtant un parti très convenable pour toi, Lucile; il possède une assez belle fortune et c'est un excellent garçon qui te rendrait heureuse. Il est courageux, travailleur et rangé; il n'y a qu'une voix pour lui dans le pays; il a l'estime de tous, et depuis longtemps je désire l'appeler mon fils.

— Je reconnais comme vous les qualités de M. Georges, mon père, mais je ne veux pas de lui pour mon mari.

— Ah! fit le fermier, c'est différent.

La jeune fille laissa échapper un soupir de soulagement.

— Ma chère enfant, reprit M. Blanchard, je ne veux pas te marier malgré toi. J'avais choisi Georges Villeminot parmi les jeunes gens qui te recherchent en mariage, pensant qu'il pouvait mieux qu'un autre faire ton bonheur. Mais il ne te convient pas, n'en parlons plus. Tu es assez riche pour prendre un mari selon ton cœur. Maintenant, dis-moi le nom du jeune homme que tu as distingué, afin que je congédie les autres.

— Vous pouvez les renvoyer tous, mon père.

— Tous!...

— Oui, car aucun ne me plaît, reprit Lucile en faisant une petite moue dédaigneuse.

— Tu es difficile, ma fille ; il me semble pourtant...

— Écoutez-moi, mon père, je n'épouserai jamais un paysan.

Le fermier regarda sa fille avec surprise, et madame Blanchard laissa tomber sa quenouille.

— Il paraît que ta fille a rêvé qu'elle serait duchesse ou pour le moins baronne, dit M. Blanchard en s'adressant à sa femme.

Lucile baissa les yeux.

Le fermier se leva et fit deux ou trois fois le tour de la salle en marchant à grands pas. Enfin, il s'arrêta devant sa femme ; sa figure avait pris une expression sévère.

— Voilà le résultat de l'éducation que vous lui avez donnée, dit-il avec dureté. Vous avez voulu que votre fille fût une demoiselle, et vous y avez réussi ; vous pouvez vous applaudir.

Au lieu de l'élever près de vous et d'en faire une bonne ménnagère comme Rosalie, vous l'avez envoyée à la ville, où elle a appris tout ce qu'elle n'avait pas besoin de savoir, et j'ai eu la faiblesse de ne point vous contrarier.

Qu'a-t-elle trouvé dans ses livres ? Vous le voyez : de la coquetterie, des airs de grande dame, de fausses idées... Aujourd'hui, elle a honte de prendre pour mari un brave garçon ayant les mains durcies par le travail et portant la blouse. Qui sait ? un jour, peut-être, elle rougira de vous et de moi, qui suis son père ?

Madame Blanchard ne répondit rien; elle regarda sa fille avec tendresse, comme pour lui dire que son amour de mère était au-dessus des reproches qu'on lui adressait.

Lucile pleurait. Pourquoi? Était-elle touchée des paroles de son père? On peut supposer le contraire.

Le lendemain, M. Blanchard alla trouver Georges Villeminot.

— Mon cher ami, lui dit-il, nous ne pouvons donner suite à nos projets; ma fille m'a déclaré qu'elle ne voulait pas se marier, et je dois renoncer, pour l'instant, à la satisfaction de te nommer mon gendre. Pourtant, je crois qu'il ne faut pas désespérer tout à fait. Lucile peut changer de manière de voir...

— Vos paroles ne me surprennent pas, monsieur Blanchard, répondit Georges; je les connaissais d'avance. Seulement, ce n'est pas pour le mariage que mademoiselle Lucile a de l'antipathie, c'est pour le paysan: je l'ai bien compris.

— Georges, ne crois pas cela! s'écria le fermier.

— Il faut bien que je le croie, puisque c'est la vérité, reprit le jeune homme avec tristesse; mais je ne puis lui en vouloir; seul, je mérite des reproches; j'aurais dû voir plus tôt la distance qu'il y a entre mademoiselle Lucile et moi.

— Que veux-tu dire? Quelle distance?

— Celle qui existe entre l'ignorance et l'instruction, entre ce qui est vulgaire et ce qui est distingué, entre le paysan grossier et la demoiselle bien élevée.

— Est-ce que je ne suis pas un paysan comme toi, moi ?

— C'est vrai, mais votre fille n'est pas une paysanne.

Le fermier baissa la tête. Il sentait la justesse des paroles de Georges qui, sans le vouloir, avait touché la plaie de son cœur

— Georges, reprit-il après un moment de silence, tu continueras à venir à la maison comme par le passé ?

— Je ne puis vous faire cette promesse, monsieur Blanchard.

— Quoi! tu ne viendras plus ?

— Pour ne point causer de déplaisir à mademoiselle Lucile, d'abord, et un peu aussi dans l'intérêt de ma tranquillité.

— Tu as raison, mon ami, dit le fermier en serrant la main du jeune homme. Ah! tu es brave cœur... Ma fille ne te connaît pas, Georges ; un jour elle te regrettera.

Depuis quelque temps déjà, on parlait dans le pays du mariage de Georges Villeminot avec Lucile Blanchard comme d'un fait accompli. Les jeunes gens se convenaient sous plus d'un rapport, et, à part quelques envieux, — il y en a partout — le choix de M. Blanchard était généralement approuvé.

Plusieurs jeunes gens, qui avaient été les rivaux de Georges, s'étaient retirés l'un après l'autre.

On ne tarda pas à savoir que, tout à coup, le jeune paysan avait cessé d'aller chez M. Blanchard. Que s'était-il passé? Évidemment le mariage était rompu. Pourquoi ? Tout le monde voulait le savoir et cherchait à deviner. On fit toutes sortes de suppositions. Mais comme ce secret n'était pas difficile à découvrir, tout le village connut bientôt le motif de la retraite de Georges.

Au village, des faits semblables sont des événements.

Toutes les sympathies furent pour Georges.

— Ce pauvre Georges, disait-on, qui l'aurait pensé ? Il ne méritait certainement pas un pareil affront.

Les jeunes filles tenaient des propos sur Lucile où il y avait plus de jalousie que de véritable intérêt pour le jeune homme. Mademoiselle Blanchard était généralement blâmée.

Georges n'ignorait rien de ce qui se disait ; du reste, on ne se cachait pas de lui pour parler, et il eut plus d'une fois l'occasion de prendre chaleureusement la défense de la jeune fille. Cause innocente des attaques dirigées contre elle, il se croyait obligé de l'excuser.

Il y a dans chaque village un endroit qu'on pourrait appeler les arènes du bavardage : c'est le lavoir public, où les femmes se rencontrent journellement.

Là, toutes les actions sont commentées, interprétées plus ou moins faussement, discutées et jugées. Grâce aux commérages, les plus petites choses ont bientôt pris des proportions effrayantes. La médisance va bon train, et lorsqu'elle ne suffit plus, la calomnie tourbillonne autour d'elle.

Un matin, trois femmes se trouvaient au lavoir ; Georges et Lucile défrayaient leur conversation.

— Quant à moi, cette petite Lucile ne me revient pas du tout, dit une grosse paysanne en frappant à coups redoublés sur le linge étalé devant elle.

— Au lieu de se laver les mains avec du savon parfumé, elle ferait mieux d'aider sa mère dans les soins du ménage, reprit une autre. N'est-ce pas une honte de passer ainsi sa vie à ne rien faire?

— Laissez donc, elle joue des contredanses toute la journée sur son piano, un grand coffre qui a coûté au père Blanchard la valeur de quatre arpents de bonne terre.

— Ce n'est pas sa musique qui lui mettra du pain sous la dent... le bonhomme Blanchard ne vivra pas toujours.

— Elle aurait bien fait d'épouser Georges.

— Ah bien oui! allez lui dire ça! Georges travaille aux champs et il ne se parfume ni les mains, ni les cheveux.

— Malgré ses écus, vous verrez qu'elle ne trouvera pas un mari.

— Mademoiselle est difficile. Elle ne vaut pourtant pas mieux que les autres filles de Millières.

— Oh! ce n'est pas ce qu'elle pense. Parce qu'elle a été élevée à la ville, elle se croit quelque chose.

— Elle fait la fière, la dédaigneuse...

— Soyez tranquille, elle en rabattra un jour.

— Jamais elle ne parle à personne.

— Une demoiselle qui cause si bien... on ne saurait pas lui répondre.

— Si j'étais à la place de son père, je sais bien ce que je ferais.

— Quoi donc?

— Hé, je la forcerais à travailler. Sa cousine travaille bien, elle.

— Brave père Blanchard ! lui qui travaille tant, avoir pour fille une paresseuse... Oh ! je le plains de tout mon cœur !

— Allons donc, c'est sa faute. Il ne devait pas la mettre en pension jusqu'à dix-huit ans. Ma fille, à moi, n'a été à l'école que jusqu'a douze ans. Puis, tout de suite après, au travail.

— C'est la fermière qui l'a voulu.

— Ils s'en repentiront.

— En attendant, la belle demoiselle a renvoyé tous ses prétendants.

— Puisqu'elle n'aime pas les paysans !

— Oui-dà ! Et que lui faut-il donc, à cette marquise de Carabas ?

— Elle attend sans doute un préfet.

— Qui sait? peut-être un ministre.

— Elle attendra longtemps.

— Elle mourra vieille fille.

— A moins qu'elle ne trouve quelque vieux notaire ruiné.

— Qui vivra verra.

— Et rira bien qui rira le dernier.

III

On était au mois de mai, le soleil inondait la campagne de l'or de ses rayons; un vent tiède et léger secouait le feuillage vert des arbres printaniers et répandait dans l'espace le parfum des fleurs de pommiers.

A l'extrémité du village, sur une vaste pelouse ombragée d'ormes et de tilleuls séculaires, la petite population de Millières, en habits de fête, se trouvait rassemblée.

Enfants et vieillards, jeunes garçons et jeunes filles, tout le monde se livrait à la joie.

On célébrait la fête du patron de la paroisse.

Les uns essayaient ou prouvaient leur adresse sur une cible; d'autres lançaient à tour de bras les boules d'un jeu de quilles. Les vieillards parcouraient curieusement les groupes et se sentaient rajeunis au milieu de la jeunesse heureuse et épanouie. Les enfants jouaient, criaient, couraient, et sautaient sous les grands arbres. Les mères de famille, réunies en cercle, souriaient à leurs filles, qui se livraient au plaisir de la danse.

Comme le bonheur rayonnait sur ces charmants et frais visages ! Comme elles étaient gracieuses et souriantes, ces chères enfants, appuyées au bras de leurs danseurs ! Sous les yeux de leurs mères, c'est avec une double joie qu'elles donnaient cette soirée au plaisir.

Madame Blanchard était là, ayant près d'elle Lucile et Rosalie. Les deux cousines regardaient danser les autres. Rosalie paraissait inquiète, Lucile, roide et froide comme une Anglaise, laissait échapper de temps à autre un sourire indécis qu'un observateur pénétrant aurait pu traduire ainsi :

« Ces pauvres gens me font pitié ; ils dansent ou plutôt ils sautent sans grâce, au son d'une musique infernale qui déchire les oreilles. Ils rient niaisement et leurs paroles sont stupides. Ces jeunes filles, mises sans goût, sont d'une gaucherie inouïe, et tous ces lourdauds de paysans sont d'une familiarité révoltante. »

Deux ou trois fois déjà, on était venu demander les deux cousines pour le quadrille. Lucile avait déclaré d'un ton sec qu'elle ne dansait pas. Rosalie avait répondu :

— Pas encore.

Elle attendait. Oui, elle attendait l'arrivée de Georges Villeminot. Et c'est parce que le jeune homme ne paraissait pas, qu'elle était préoccupée et même inquiète.

Les danses se succédaient. Lucile continuait à sourire ironiquement et Rosalie à attendre.

Enfin, Georges Villeminot parut sur la pelouse. Il fut aussitôt entouré d'une douzaine de jeunes gens qui lui serrèrent la main. Il se dirigea ensuite vers madame Blanchard et les jeunes filles pour les saluer.

Rosalie était toute tremblante et ses joues se teintèrent de rose. Georges combla son plus grand désir : il l'invita à danser. Tout en prenant place parmi les danseurs, il s'aperçut de l'émotion de la jeune fille. Involontairement, il se tourna du côté de Lucile et vit son visage ennuyé et son sourire moqueur; il ramena son regard sur Rosalie dont le front était radieux.

Pour la première fois, il remarqua que celle-ci n'était pas moins jolie que sa cousine.

Après le quadrille, il la reconduisit à sa place.

Madame Blanchard et sa fille s'étaient levées et se promenaient à quelque distance.

Georges s'assit près de Rosalie et, pour lui dire quelque chose, il lui fit un compliment sur sa toilette.

Rosalie n'était pas coquette, pourtant elle fut agréablement flattée.

— Si votre compliment s'adressait à ma cousine, répondit-elle, il serait vraiment mérité.

— Mademoiselle Lucile est, en effet, habillée avec beaucoup de goût, reprit Georges ; mais, avec votre charmante robe bleue bien simple et ce bouquet d'aubépine dans vos cheveux, je vous trouve infiniment plus jolie que votre cousine.

— Oh ! je ne vous crois pas, monsieur Georges ! s'écria-t elle avec un accent difficile à traduire.

— Ce que je vous dis est pourtant la vérité, Rosalie.

A ce moment, madame Blanchard et Lucile revinrent s'asseoir.

Bientôt la dernière lueur du crépuscule disparut. Ce fut le signal de la retraite. Les derniers accords des violons expirèrent, et la place, tout à l'heure si animée, devint silencieuse et déserte.

Le soir, Georges se disait :

— Rosalie est charmante, je suis bien sûr qu'elle aimera bien son mari et qu'elle fera une excellente ménagère. Elle a le regard doux et le sourire gracieux. Sa cousine, au contraire, a le regard froid et le sourire toujours moqueur.

Il est vrai que mademoiselle Lucile est riche, tandis que Rosalie... Oui, mais cela m'est égal, à moi. Le produit de ma ferme me permet de me marier à mon gré. Décidément, j'étais aveugle... Rosalie est la femme qui me convient. Comment ne l'ai-je pas compris plus tôt ?

Lucile s'est moquée de moi ; elle a eu mille fois raison !

Le lendemain, en se levant, Georges Villeminot montra à ses valets de ferme un visage joyeux. Ils le regardèrent avec des yeux étonnés.

Depuis un an, la bouche de leur maître ne riait plus. Qui donc avait pu produire ce merveilleux changement ?

Cette question, faite par les domestiques d'abord, fut répétée quelques jours après par tous les habitants de Millières.

Mais le *qui?* resta sans réponse.

Cette fois, les curieux en furent pour leurs frais.

Georges était devenu une énigme.

L'époque de la fenaison arriva. Un matin que Rosalie travaillait dans un pré, elle vit Georges Villeminot venir à elle.

Depuis la fête du village, ils n'avaient pas échangé une parole. Chaque fois qu'ils se rencontraient, ils se saluaient, et c'était tout.

Rosalie éprouva donc une vive émotion lorsque le jeune paysan s'arrêta devant elle.

— Je suis bien aise de me trouver seul un instant avec vous, Rosalie, dit Georges ; j'ai quelque chose à vous dire.

— A moi, monsieur Georges ?

— Oui. Est-ce que vous ne pensez pas à vous marier, Rosalie ?

La jeune fille secoua la tête.

— Il faudrait pour cela trouver un mari, monsieur Georges, dit-elle.

— Eh bien?

— Je suis pauvre, personne ne voudrait de moi.

— Rosalie, je crois que vous vous trompez. Vous trouverez sûrement un mari.

— Qui ? je vous le demande.

— Qui? Moi, si vous le voulez.

— Vous? Oh! ce n'est pas bien, monsieur Georges; vous voulez vous moquer de moi !

— Non, Rosalie, non. Répondez-moi, voulez-vous m'accepter pour votre mari?

— Je n'ose vous croire, monsieur Georges.

— Ainsi, vous consentez... Merci, Rosalie, c'est tout ce que je demandais.

Et, sans ajouter une parole, il s'éloigna rapidement.

Le soir du même jour il se présenta chez M. Blanchard.

— Enfin, tu nous reviens donc! s'écria le vieux fermier. Sois le bienvenu, Georges. Je commençais à craindre de ne plus te revoir chez nous; mais ta présence me rassure en même temps qu'elle m'annonce que tu es guéri, bien guéri, n'est-ce pas ? ajouta-t-il d'une voix qui exprimait un regret.

— Je le suis complètement, monsieur Blanchard, et je vous en apporte une preuve.

— Comment cela ?

— Je viens vous prier de m'accorder la main de mademoiselle Rosalie, votre nièce.

— Tu veux épouser Rosalie ?

— Avec votre consentement, monsieur Blanchard.

— Tu es un brave garçon, Georges! s'écria le fermier; viens que je t'embrasse.

Georges se précipita dans les bras du vieillard.

— Dieu est juste, reprit le père Blanchard; la fille de mon frère devait être heureuse.

Il fit appeler Rosalie.

Elle s'approcha tremblante et confuse.

— Voilà ton mari, lui dit le fermier en mettant sa main dans celle de Georges.

Trois semaines après, Rosalie était la femme de Georges Villeminot.

IV

On est en hiver. Comme un immense linceul, la neige couvre les montagnes et les vallées.

Lucile est assise devant un bon feu. Son bras est appuyé sur une table et sa tête repose sur sa main. Un volume de la *Comédie humaine* est ouvert sous ses yeux. Elle lit les *Secrets de la princesse de Cadignan.*

Sur ces pages où Balzac fait jouer à la femme du monde sa dernière scène de coquetterie, mademoiselle Blanchard cherche à saisir une dernière lueur d'espoir.

Après s'être éclairé un instant, son front assombrit de nouveau. Il y a du dépit et de l'amertume dans le mouvement de ses lèvres. Deux larmes se suspendent aux franges de ses paupières.

Elle ferma son livre et le jeta loin d'elle avec impatience. Elle ouvrit son piano et commença l'exécution d'une mélodie de Schubert; mais elle s'arrêta dès le premier motif au milieu d'une mesure; elle se leva et alla se placer devant son miroir.

Elle examina longuement son visage, souriant et plissant son front tour à tour. Ses doigts fiévreux soulevèrent un bandeau de sa chevelure et elle poussa un profond soupir en apercevant un cheveu blanc qu'elle s'empressa d'arracher. Ce cheveu blanc n'était pas venu seul annoncer à Lucile qu'elle commençait à vieillir.

Son visage avait perdu sa fraîcheur, les roses de son teint s'étaient fanées sur ses joues creuses. On aurait dit qu'en se retirant les chairs avaient séché la peau et marqué des rides à sa surface.

Pour conserver sa jeunesse et rester belle longtemps, la femme a besoin d'aimer et de se savoir aimée.

Lucile avait trente-deux ans, c'est-à-dire douze ans de plus qu'à l'époque du mariage de sa cousine avec Georges Villeminot. La dédaigneuse demoiselle reconnaissait enfin le tort qu'elle s'était fait avec ses folles prétentions, et commençait à perdre l'espoir de se marier.

Depuis plusieurs années les prétendants avaient disparu. Mais mademoiselle Blanchard n'avait pas manqué de partis très convenables.

Ce fut d'abord un jeune médecin, qui venait de s'installer dans le pays. Malheureusement, il louchait horriblement, et, à sa troisième visite à la ferme, Lucile lui fit comprendre qu'elle n'épouserait jamais un homme qui ne pourrait la regarder autrement que de travers.

Vint ensuite un percepteur. Il avait vingt-six ans, de belles manières, une figure agréable. Mais il manquait deux canines à sa mâchoire supérieure. Lucile ne voulut pas entendre parler de lui.

Plus tard, ce fut le tour d'un veuf, riche propriétaire habitant à la ville.

— Moi, épouser un veuf! s'écria Lucile, jamais!

Un militaire se présenta. Agé de vingt-huit ans, il était lieutenant de hussards; mais ni le grade, ni le brillant uniforme ne purent toucher le cœur de Lucile. Le jeune officier lui déplut absolument! Hélas! il avait les cheveux noirs et la barbe rousse!

A tous elle trouvait de graves défauts. L'un était trop grand, l'autre pas assez. Celui-ci bégayait, celui-là avait déjà une place blanche au sommet de la tête. Cet autre avait de grosses mains, ou les oreilles un peu longues, ou la bouche trop grande, ou le nez trop petit.

Le dernier qui se présenta à la ferme était le fils unique d'un riche négociant retiré des affaires. Jeune, spirituel, instruit, charmant, enfin, il réunissait presque toutes les qualités demandées par Lucile.

Elle lui fit un accueil gracieux.

— Celui-ci va lui convenir, se dit le père Blanchard, ce n'est pas malheureux, j'en remercie le ciel.

Le jeune homme savait la musique, il chantait même un peu. Lucile lui proposa un jour de chanter avec elle un duo du *Domino noir*. Il chanta faux.

Mademoiselle Blanchard lui fit de vifs reproches.

Toutefois, elle lui eût pardonné si, quelques jours après, il ne s'était pas avisé de lui soutenir que la musique d'Hérold était supérieure à celle d'Auber.

Or, ne pas être de l'avis de Lucile, qui préférait Auber à Rossini lui-même, c'était vouloir perdre ses bonnes grâces.

L'imprudent jeune homme fut impitoyablement congédié.

A partir de cette époque, il n'entra plus un seul prétendant à la ferme. Les plus hardis reculèrent.

Pendant quelque temps, Lucile fut l'objet des railleries et des propos méchants des mauvaises langues de Millières. Elle allait avoir trente ans, on la classa au nombre des vieilles filles destinées à reverdir et on l'oublia.

Nos lecteurs comprendront facilement quelle devait être la situation d'esprit de mademoiselle Blanchard au moment où nous reprenons notre récit.

Elle reprit sa place près du feu, et, la figure cachée dans ses mains, elle se livra à de tristes pensées. Son front orgueilleux se courbait sous l'amertume de ses réflexions.

Mais bientôt elle releva la tête, ses yeux brillèrent d'un nouvel éclat.

— Non, non, s'écria-t-elle avec force, ma vie ne s'écoulera pas triste et isolée : je suis riche et je suis toujours belle, je sortirai de mon tombeau ! J'aurai ma part de bonheur et mes joies comme tant d'autres.

La vieillesse peut venir avec les années, elle ne m'atteindra pas, car j'ai la jeunesse du cœur. Les jours que l'on n'a pas employés sont nuls dans la vie !

Ainsi, après les instants de sombre découragement, Lucile se roidissait, se révoltait contre ses craintes, revenait à l'espoir et rappelait autour d'elle toutes les illusions de sa jeunesse ! Mais elle ne les conservait pas longtemps, elle retombait vite dans la réalité et, incertaine sur son sort, elle osait à peine interroger l'avenir.

Alors elle se repentait sincèrement de s'être montrée dédaigneuse autrefois et d'avoir si souvent écouté ses caprices et son fatal orgueil.

La plupart des jeunes gens qu'elle avait repoussés étaient mariés depuis longtemps, et c'était autant de ménages heureux

Rosalie, par exemple, portait sur son visage des rayonnements de joie, qui étaient les signes visibles de son bonheur domestique. Mère de trois beaux enfants, son cœur s'était agrandi pour contenir l'amour paternel à côté de sa tendresse inaltérable pour son mari.

Basée sur l'estime et fortifiée par la reconnaissance, son affection pour Georges devait être éternelle.

Cependant, malgré ses heures d'abattement et de tristesse, Lucile ne désespérait pas complètement de se marier. Elle attendait, mais bien décidée, cette fois, à accepter, sans examen, le premier qui se présenterait.

Tous les matins, elle se demandait :

— Est-ce aujourd'hui ?

Un jour, enfin, elle put répondre :

— Oui.

A deux époques de l'année, elle allait passer quelques jours à la ville chez une ancienne amie de pension. Elle eut l'occasion d'y rencontrer un jeune homme d'une tournure distinguée, âgé de trente ans environ, et qui avait acquis, dans la ville, la réputation d'un homme d'esprit.

M. Hilaire Dermont s'était trouvé, à dix-huit ans, après la mort de son père, maître d'une fortune considérable. Pareil à tant d'autres fils de famille, qui paraissent ignorer la valeur de l'argent, et se douter moins encore des immenses services qu'il peut rendre au pays lorsqu'on en fait un noble emploi; trop jeune d'ailleurs, pour raisonner sainement, il quitta sa ville natale et alla habiter à Paris.

Il loua un appartement magnifique dans le quartier de la haute finance, et se mit à fréquenter les artistes, les hommes de lettres, entre temps les gens de bourse, le monde des théâtres et en général tous les jeunes oisifs du boulevard.

Il eut de nombreux amis, des chevaux, des voitures et des usuriers, qui lui escomptèrent ses propriétés.

Il devint ce qu'on appelle un viveur.

Au bout de quelques années, ruiné ou à peu près, il quitta Paris, n'osant plus y rester pauvre, après y avoir vécu riche et très recherché.

Il était en train de croquer les épaves de son héritage, lorsqu'il rencontra mademoiselle Blanchard.

Le titre d'héritière que possédait Lucile le rendit très aimable et très assidu auprès d'elle. Il ne tarda pas à proposer le mariage.

Lucile, fière d'avoir fait une conquête, qui flattait son amour-propre et donnait satisfaction à sa vanité, s'empressa d'accepter, sans examiner si le passé du jeune homme lui offrait une garantie suffisante pour son bonheur dans l'avenir.

Plusieurs personnes, cependant, se donnèrent la peine de lui montrer le danger qu'elle courait en associant son existence à celle d'un homme sans conduite, qui avait en peu de temps dissipé une immense fortune.

Mais elle ne voulut rien entendre. La peur de rester fille toute sa vie lui ferma les yeux.

Elle avait attendu si longtemps !

Le rêve de toute sa vie fut réalisé. Elle alla habiter à la ville et put, un instant, paraître dans ce monde où elle avait si vivement désiré occuper une place.

Cependant, quelques mois après son mariage elle pleurait. Comme au village, le vide se faisait autour d'elle. La malheureuse avait compris qu'elle ne possédait point l'affection de son mari.

Le bonheur lui manquait toujours.

Un an après le mariage de sa fille, le père Blanchard mourut.

Madame Dermont prit sa mère avec elle.

M. Dermont se fit donner, par sa femme et sa belle-mère, une autorisation et vendit la ferme de Millières, ainsi que toutes les autres propriétés : des biens laborieusement acquis par le travail de plusieurs générations.

Un capital de plus de trois cent mille francs, produit de la vente, fut placé par M. Dermont, en son nom.

Par ce fait, Lucile et sa mère se trouvaient dépossédées.

La fortune du fermier passait tout entière dans des mains étrangères.

Madame Blanchard, enlevée à sa vie paisible et régulière, ne put s'accoutumer à l'existence tout opposée qu'elle avait à la ville. La transition avait été trop brusque pour son âge. Sa santé, déjà altérée par le chagrin que lui avait causé la mort de son mari, déclina sensiblement. Les soins de Lucile ne purent la sauver. Six mois après la mort du fermier, elle le rejoignit dans la tombe.

M. Dermont était revenu peu à peu à ses anciennes habitudes et jetait dans sa vie d'homme marié tous les désordres de sa jeunesse. Son goût pour les plaisirs reparaissait d'autant plus vif qu'il avait dû, par suite du mauvais état de ses affaires, s'en priver plus longtemps.

Son mariage n'avait pas été autre chose qu'un odieux calcul ; il n'avait épousé mademoiselle Blanchard que pour retrouver une fortune. Le jour où, grâce à son adresse indélicate, cette fortune lui fut imprudemment livrée, sa femme ne représentant plus une valeur, un chiffre, elle n'avait plus rien été pour lui, pas même un obstacle dans sa vie.

Abandonnée, méprisée peut-être, Lucile dévorait ses larmes, maudissait son fatal orgueil et souhaitait la mort.

La malheureuse allait bientôt connaître la profondeur de l'abîme dans lequel elle s'était précipitée.

Un soir, elle apprit que M. Dermont venait de

quitter la ville avec une actrice du théâtre, et qu'il se rendait à Paris.

Cette nouvelle la frappa comme un coup de foudre. Elle frémit en envisageant sa position et en pensant à l'avenir. De l'héritage de son père, elle n'avait rien su conserver pour elle. Après avoir été riche, elle se trouvait pauvre, sans courage et sans force, obligée de lutter contre l'adversité et la misère.

Quelques jours après, un huissier se présentait chez elle au nom de la loi, et à la requête d'un créancier de M. Dermont, pour faire l'inventaire de son mobilier et en opérer la saisie.

Elle ne s'attendait pas à ce nouveau malheur.

— O mon Dieu! s'écria-t-elle, que vais-je devenir?

Il fallait prendre immédiatement un parti. Elle pouvait trouver un asile dans quelque maison de la ville; mais, pour rien au monde, elle n'eût voulu subir cette humiliation.

Sa cousine Rosalie, dont elle connaissait l'amitié sincère, était la seule personne près de laquelle elle pouvait se réfugier sans avoir trop à rougir.

Elle fit quelques paquets de ce qu'il lui était permis d'emporter, et, le lendemain, elle quitta la ville.

Elle arriva à Millières à cinq heures du soir. On était aux jours de la moisson, tout le monde était dans les blés. Rosalie se trouvait seule à la ferme.

Les deux cousines s'embrassèrent avec effusion.

Lucile raconta à Rosalie, en versant d'abondantes larmes, sa douloureuse histoire.

— Voilà ce que je suis devenue, ajouta-t-elle. J'en suis réduite, aujourd'hui, à venir te demander l'hospitalité.

— Oh ! je vous plains bien sincèrement, ma chère cousine, dit Rosalie en entourant de ses bras le cou de madame Dermont. Vous qui deviez être si heureuse !... Votre mari... mais ce n'est pas un mari, cet homme-là, c'est un monstre !

Ah ! ma chère Lucile, vous avez compté sur moi, sur nous, je vous en remercie. Soyez rassurée : ici, rien ne vous manquera, Georges est si bon !... Lui et moi, nous vous ferons oublier que vous êtes malheureuse.

— Rosalie, cela ne s'oublie jamais.

— Si, si, vous verrez : nous vous arrangerons une jolie chambre, que vous meublerez vous-même... Georges vous fera venir un piano de la ville, il vous achètera des livres....

— Des livres, un piano ! non, non, s'écria Lucile; il me fallait cela autrefois : mais je ne suis plus ce que j'étais, je ne suis plus rien. Va, je tâcherai pourtant de devenir ce que j'aurais dû être toujours, la fille du fermier Blanchard, une paysanne, simple, modeste et bonne comme toi, Rosalie.

J'habiterai dans ta maison, puisque que tu veux bien m'y recevoir ; mais je ne veux pas y être à la charge de ton mari, je travaillerai.

— Vous, travailler ! Oh ! non, par exemple !

— Oui, Rosalie, oui, je travaillerai. Mon corps se pliera à la fatigue, et si parfois je manque de force, je n'aurai qu'à te regarder, tu me donneras du courage.

— Ma cousine, c'est impossible, je ne souffrirai pas...

— Tu oublies, Rosalie, que je suis pauvre. Je dois travailler si je veux vivre, car, ajouta-t-elle en rougissant, je n'accepterai jamais une aumône.

— Ah! Lucile, c'est bien mal de me parler ainsi! dit Rosalie avec un accent de reproche. Vois-tu, cela n'est pas bien.... tu es fière avec moi!

A ce moment, Georges Villeminot, qui était entré dans la salle, sans être aperçu et avait tout entendu, s'avança vers les deux jeunes femmes.

— C'est une noble fierté, celle-là, dit-il. Madame Dermont a raison, le travail c'est l'indépendance.

JUSTIN & JUSTINE

I

Il avait douze ans ; elle n'en avait pas encore dix. On l'appelait Justin ; elle se nommait Justine. Ils étaient nés dans le même village, et leurs parents habitaient deux maisons voisines.

Justine était gardeuse d'oies, et, matin et soir, Justin conduisait au pâturage les bœufs et les vaches de son père.

La jeune fille ne manquait jamais de mener ses oies vers le pré où se trouvait Justin. Pendant que la bande de palmipèdes courait sur les jachères, les deux enfants s'asseyaient sur l'herbe et causaient.

Que se disaient-ils? De ces jolis riens qu'une bouche jeune et qui ignore le mensonge peut dire seule, et qui ne peuvent être écoutés avec plaisir que par un autre enfant.

Justine chantait gentiment, Justin avait la voix assez agréable; ils chantaient ensemble. Elle lui apprenait une chanson ou une chansonnette qu'il ne savait pas encore. Il lui en apprenait une autre.

Il arrivait souvent que l'alouett[illegible] fauvette ou

le linot se mettaient de la partie, les insectes s'en mêlaient aussi. Cela faisait un véritable concert en plein air.

On les rencontrait sur les chemins, marchant l'un près de l'autre, la main dans la main.

Ils riaient toujours.

En passant à travers les blés et les orges, ils faisaient une belle moisson de bluets; elle tendait son tablier d'indienne, Justin l'emplissait.

Aux bluets, qu'elle tressait en couronnes, elle mêlait quelques marguerites blanches au cœur d'or; puis, en riant, elle posait une couronne sur la tête de son ami en l'appelant son roi.

Parfois, une marguerite entre les doigts, elle oubliait la couronne commencée. M'aime t-il? demandait-elle à la fleur en jetant ses pétales au vent. La marguerite répondait tantôt, passionnément; une autre fois, pas du tout. N'importe, les enfants ne se fâchaient pas contre elle.

Ils riaient toujours.

Mais il fallait pour cela qu'ils fussent ensemble. L'un sans l'autre ils étaient tristes. En se cherchant, ils erraient comme des âmes en peine.

Lorsque Justine ne menait pas ses oies aux champs, ce jour-là les vaches de Justin étaient mal gardées : elles mangeaient à leur aise l'herbe du pré défendu.

Les oiseaux chantaient seuls.

Aussi, le lendemain, quand ils se revoyaient, quelle joie !... Les bêtes à plumes en avaient leur part : elles faisaient invasion dans le pré et sympathisaient avec les bêtes à cornes.

Un jour ils furent surpris par un orage. Des éclairs éblouissants déchiraient les nuages en tous sens et incendiaient le ciel. Le tonnerre avait des grondements terribles. Ils cherchèrent un abri dans une haie. La haie était déjà pleine d'oiseaux effarouchés qui se cachaient dans les feuilles. La pluie et la grêle tombaient comme aux jours du déluge.

Justine n'avait pas lu le roman de Bernardin de Saint-Pierre; elle eut cependant la même inspiration que Virginie : elle cacha sa tête et celle de Justin sous son jupon de droguet. Malgré tout ils eurent froid. La pluie ruisselait sur leurs mains bleuies, leurs dents claquaient. Pour se réchauffer, ils se blottirent l'un près de l'autre comme des oisillons dans un nid.

II

Ils grandirent.

Justin ne mena plus au pré les vaches et les bœufs de son père.

Justine cessa de garder les oies. Ses parents lui firent apprendre l'état de couturière.

Les jeunes gens ne se voyaient plus aussi facilement qu'autrefois, mais ils pensaient toujours l'un à l'autre.

Il y a dans le passé de chaque être humain des souvenirs que rien ne peut effacer.

Quand ils se rencontraient et que Justin lui adressait la parole, Justine devenait rouge comme une cerise de Montmorency. Elle avait appris à rougir en même temps qu'à tirer l'aiguille.

Le dimanche, Justin venait la prendre pour la conduire au bal; elle se faisait belle à son intention. Il la trouvait charmante et il le lui disait. Le cœur de Justine bondissait de plaisir.

Aucune autre n'était plus gracieuse et plus légère dans les quadrilles. Tous les jeunes garçons l'admiraient et l'invitaient à danser. Elle ne dédaignait personne; mais elle savait trouver le moyen de danser avec Justin plus souvent qu'avec les autres.

Un jour, Justine eut dix-huit ans.

C'était une belle fille blonde comme un épi, avec une taille de sylphide; ses yeux, bleus comme l'eau d'un lac, avaient le regard d'une Andalouse. Sa bouche était une rose entr'ouverte. Ses dents transparentes et blanches comme neige ressemblaient à des perles fines enchâssées dans du corail. Elle avait le pied mignon et une petite main de princesse.

On parlait de sa beauté à dix lieues à la ronde, et ceux qui l'avaient vue n'hésitaient pas à la citer comme une merveille.

Grand était le nombre de ses admirateurs. Les moins timides la demandèrent en mariage. Elle les refusa. Du reste, elle ne permit à aucun de lui faire la cour.

Néanmoins, le découragement des uns encourageait les autres, et, loin de diminuer, le nombre des prétendants augmentait.

Justine se souvenait du temps où elle gardait les oies.

Elle pensait à Justin.

Un matin que Justine se rendait à un village

voisin où elle était appelée pour confectionner une robe de mariée, Justin la rejoignit sur la route. Il avait une figure de don Quichotte, et, contre l'ordinaire, il était embarrassé et baissait les yeux.

— Qu'as-tu donc? lui demanda-t-elle.

Il poussa un soupir.

— Ma chère Justine, répondit-il, je vais me marier, mon père le veut...

Elle devint très pâle.

Il reprit :

— Mais c'est toi que j'aurais préférée, toi, tu le sais.

— Et tu prends une autre femme! s'écria-t-elle.

— Il le faut bien puisque mon père le veut. Il ne te trouve pas assez riche.

— Ah! je suis très pauvre, en effet... Qui est celle que tu épouses?

— Ma cousine Hortense, la fille unique du frère de mon père, le propriétaire de la ferme des Charmes.

— Reçois mes félicitations, Justin, tu fais là un beau mariage.

Sur ces mots elle s'éloigna rapidement.

Quand elle fut un peu loin, elle se retourna. Justin était resté à la même place; il n'avait pas osé la suivre.

Alors elle se prit à sangloter et continua son chemin en pleurant à chaudes larmes.

Justin était marié. Il avait quitté le pays pour aller demeurer aux Charmes, où son beau père le mit à la tête de l'exploitation de la ferme.

Justine avait perdu sa gaieté et ses fraîches couleurs. Tout cela s'en était allé avec les riantes et belles illusions de sa jeunesse. Maintenant, chacun de ses souvenirs d'enfance contenait une douleur.

Elle disait adieu à l'amitié, à l'avenir, à toutes les joies rêvées. Plus de plaisirs, plus de chansons aux lèvres !...

Après s'être épanouie en pleine lumière, elle descendait dans la nuit. Elle passait à pleurer les heures que ses compagnes employaient à s'amuser.

Il y a des larmes qui devraient être recueillies dans des urnes d'or.

Au bout de deux ans elle n'avait pas encore oublié; la blessure faite à son cœur était toujours saignante. Mais sa fierté aidant, elle paraissait consolée.

Un jeune homme du pays, déjà repoussé une fois, hasarda une nouvelle demande en mariage. Celle-ci fut accueillie.

De tous ceux qui aspiraient à la main de Justine, ce jeune homme était peut-être le moins digne. N'importe, elle se maria.

Seulement, elle ne sut jamais bien pourquoi.

Peu de temps après elle revit Justin.

Il portait un crêpe à son chapeau. Il venait de perdre sa femme.

— Ah! Justine, lui dit-il, pourquoi t'es-tu tant pressée?... Si tu n'étais pas mariée, nous pourrions être heureux maintenant, car je suis libre, riche, et je t'aime toujours...

Elle ne voulut pas se souvenir qu'il l'avait sacrifiée.

— C'est vrai, répondit-elle tristement.

— Ainsi, tu ne m'as pas oublié?

— Non.

— Oh! je déteste ton mari! un ivrogne, un brutal, un mange-tout!... Sûrement il ne te rend pas heureuse.

Justine soupira.

— J'ai même entendu dire qu'il te battait.

Justine baissa les yeux.

— Le misérable! s'écria Justin d'une voix sourde.

— Il est mon mari, répliqua-t-elle, et si je suis sa femme, c'est que je l'ai voulu.

— C'est vrai. Mais, dis-moi, Justine, si tu devenais veuve, te remarierais-tu avec moi?

— Oui.

— Tu me le promets! C'est bien, j'attendrai que tu sois veuve.

— Mon mari n'a guère envie de mourir, dit-elle en souriant; tu auras longtemps à attendre.

— J'attendrai quarante ans s'il le faut! s'écria-t-il.

Et ils se séparèrent.

III

Justin resta fidèle à sa promesse pendant cinq ans. Au bout de ce temps, voyant que le mari de Justine continuait à jouir d'une santé excellente, il songea à se remarier, ce qu'il fit immédiatement.

Or, il y avait à peine un mois qu'il s'était donné une seconde femme, lorsqu'il apprit que le mari de Justine venait de mourir subitement à la suite d'une soirée passée au cabaret, pendant laquelle il avait trop fêté la bouteille.

— La fatalité nous poursuit! s'écria-t-il. Il est donc écrit que nous ne serons jamais heureux, Justine et moi?...

Il prit sa tête dans ses mains et s'arracha une poignée de cheveux.

Le soir, comme sa jeune femme se plaignait de ce qu'il était triste et peu aimable pour elle, il fut pris d'un accès de colère subite et lui donna un soufflet.

C'était le premier, ce ne fut pas le dernier.

Un matin, Justin reçut la lettre suivante, dont nous croyons devoir corriger les fautes d'orthographe :

« Mon mari est mort. Le malheureux a été châ-
» tié par ce qu'il aimait le plus au monde : le vin
» et l'eau-de-vie. Tu dois avoir appris déjà cette
» nouvelle, comme j'ai su moi-même celle de ton
» second mariage.

» Tu n'as pas été fidèle à ta promesse ; mais je
» ne saurais t'en vouloir : tu as attendu cinq ans,
» mon amour-propre est satisfait. Je regrette que
» ta patience n'ait pas tenu deux mois de plus.

» Je porte des vêtements noirs, il faut cela pour
» le monde; mais je ne suis pas une veuve déso-
» lée, au contraire. Je laisse à mes robes le soin de
» pleurer le défunt.

» Je pars demain pour Paris, où je vais travailler
» chez une grande couturière, qui m'a fait des
» offres avantageuses.

» Mon pauvre ami, nous voilà séparés pour tou-
» jours; nous ne nous reverrons probablement ja-

» mais. Je n'ai pas voulu quitter le pays sans te
» dire adieu et sans te promettre, à mon tour, de
» rester veuve éternellement.

» J'ai trop mal réussi une première fois pour
» être tentée de recommencer.

» JUSTINE. »

Quinze ans plus tard, Justin mit en terre sa seconde femme.

Il avait alors quarante-trois ans, ses cheveux grisonnaient.

Il n'avait pas oublié Justine, mais il ignorait absolument ce qu'elle était devenue. Elle n'avait pas reparu dans le pays, et on ne put lui donner sur son sort que de vagues renseignements. Cela lui parut suffisant. Il mit de l'or dans ses poches et prit la route de Paris...

Il retrouva sa Justine... mariée et mère de quatre enfants.

Il hésita à la reconnaître. Il fallut qu'elle lui répétât plusieurs fois :

« C'est moi. »

Alors ses bras tombèrent à ses côtés et il poussa un soupir.

Oui, c'était bien Justine ; mais après la naissance de chacun de ses enfants elle avait perdu deux dents et quelques-uns de ses blonds cheveux. Sous un embonpoint quelque peu exagéré, Justin chercha en vain la taille mince et flexible de la gracieuse fillette qui le nommait autrefois son roi. Sa voix, douce et mélodieuse jadis, ressemblait maintenant à celle d'un tambour-major.

Il ne restait plus rien de Justine, la charmante gardeuse d'oies.

— Nous sommes un peu changés, mon vieux, lui dit-elle; que veux tu, nous avons vieilli... Qu'est-ce qui t'amène à Paris ?

— J'ai fait ce voyage exprès pour toi; je suis veuf et je venais... Ah! Justine, pourquoi es-tu mariée?

— Encore une sottise que j'ai faite.

— Es-tu heureuse?

— Heureuse! ne m'en parle pas... Mon second mari est un peu moins ivrogne que le premier, mais il est plus brutal encore. L'autre me battait tous les soirs, quand il rentrait ivre; celui-ci m'assomme de coups soir et matin. Ah! je pense à toi souvent, mon pauvre Justin! Autrefois, c'était le bon temps. Que de regrets!...

— Tu ne m'as donc pas oublié?

— Non.

— C'est singulier, pensa Justin en quittant Justine, elle est beaucoup moins bien, on pourrait même dire qu'elle n'est plus bien du tout; cependant j'ai toujours là, dans le cœur, quelque chose pour elle.

Il revint dans son pays, et l'année suivante il convola en troisièmes noces.

IV

Justin vécut vingt ans avec sa troisième femme. Il avait déjà marié ses deux fils aînés qu'il avait eus de sa seconde femme. Il lui restait à établir, de la troisième, deux filles et un garçon, ce qu'il fit en l'espace de douze ans. Alors, comme il était riche encore, malgré les belles dots données à ses enfants, il pensait qu'il allait avoir une belle vieillesse.

Bien qu'il eût soixante-quinze ans et que ses cheveux fussent devenus tout blancs, il y avait encore en lui tant de force et de verdeur qu'il ne sentait pas le poids des années.

— Je passerai la centaine, dit-il à ses enfants réunis, le jour où il maria sa dernière fille.

Or, comme le vieillard n'avait plus rien à faire et qu'il s'ennuyait, il voulut se mêler des affaires de ses enfants. C'était un peu son droit.

Mais ils le traitèrent de vieux radoteur, de vieux fou, et ils ne se gênèrent point pour le froisser et l'humilier.

Se voyant repoussé, abandonné, seul, le bonhomme songea à Justine.

Un jour, sans rien dire à personne, son portefeuille bien garni, il partit pour Paris.

Il avait quatre-vingts ans.

Justine était veuve depuis longtemps. Ses enfants étaient tous morts. Elle n'avait guère connu à Paris que la misère. Malgré son grand âge, elle travaillait encore pour vivre.

Elle remettait à neuf, tant bien que mal, de vieux pantalons et de vieux paletots. Elle avait recruté sa clientèle parmi les petits employés de commerce, les artistes de seizième ordre et les cochers de fiacre.

En revoyant Justin elle faillit s'évanouir.

Il la serra dans ses bras.

Pendant un quart d'heure ils pleurèrent de joie.

— Tu t'es donc souvenu de moi ? lui dit-elle.

— Tu le vois bien, puisque me voici.

— C'est bien aimable à toi d'être venu me voir.

— Je viens pour t'épouser.

Elle se mit à rire comme une folle.

Lui était très sérieux.

— Il faut que nous soyons heureux, reprit-il gravement.

— Voyons, Justin, tu ne plaisantes pas ?

— Regarde, répondit-il en ouvrant son portefeuille, voilà tous les papiers dont j'ai besoin, et puis vingt mille francs en billets de banque.

Les yeux éteints de Justine s'animèrent subitement et étincelèrent à travers les verres de ses lunettes.

— Et cet argent est pour moi ? demanda-t-elle.

— Oui.

— Tu me le donneras par contrat ?

— Non, je le mettrai dans ta main le lendemain du mariage.

— Je préférerais que tu me le donnasses par contrat. Enfin, n'importe, allons à la mairie.

Le lendemain du mariage, Justine demanda les vingt mille francs.

Après avoir réfléchi, sans doute, Justin avait changé d'idée ; il refusa de se dessaisir. C'était manquer à sa promesse et, à l'égard de Justine, une marque de défiance.

La querelle commença par un échange de mots

aigres-doux. Justine reprocha à son mari de l'avoir trompée. Des reproches on passa aux paroles violentes, aux invectives. Justine ne possédait plus cette vertu qu'on nomme la patience ; elle ne se souvint plus du temps où elle posait des couronnes de bluets sur la tête de Justin. Elle se laissa emporter par la colère et marqua ses vieux ongles sur le visage du quadragénaire.

Justin oublia à son tour le temps où Justine le charmait par sa gaieté et ses chansons : il saisit un bâton et le fit jouer sur la tête et les épaules de sa Justine.

Les voisins épouvantés coururent chercher les sergents de ville.

Ceux-ci arrivèrent et conduisirent les époux devant le commissaire de police.

Un mois après, le tribunal prononçait la séparation de corps.

Son jugement est la morale de cette véridique histoire.

MARCELLE LA MIGNONNETTE

I

L'habitation se détache des autres maisons du village, elle est petite, mais propre; sa façade est blanchie à la chaux et elle a des volets verts. Son jardin est entouré d'une haie de charmes. A l'un de ses murs, exposé au levant et garni de lattes, grimpe une treille bien nourrie et en plein rapport. La maison se mire coquettement, ainsi que deux noyers centenaires qui ombragent son toit de tuiles, dans une petite rivière, dont les géographes ont eu le tort de ne jamais parler, et qu'on nomme la Varveine.

Il y a quelques années déjà, ces lieux étaient égayés par la joie naïve d'une jolie blonde de seize ans; elle s'appelait Marcelle. Mais dans le village on ne la nommait jamais autrement que Mignonnette, surnom qu'elle devait à sa nature délicate. Frêle petite fleur des champs, un choc un peu violent pouvait la briser.

Elle était excessivement sensible, la moindre contrariété agissait fortement sur ses nerfs et lui causait des souffrances cruelles. Sa mère l'entourait de soins attentifs, et Marcelle, confiante dans cette affection protectrice, s'épanouissait doucement au soleil de l'amour maternel ; le sourire du bonheur fleurissait sur ses lèvres.

Moriset, le père de Marcelle, exerçait dans le pays, depuis une quinzaine d'années, une industrie qu'il s'était créée, et grâce à laquelle il avait acquis une certaine aisance.

Avec une voiture d'une forme assez bizarre, dont il avait lui-même conçu l'idée, et deux chevaux qu'il remplaçait tous les ans pour cause de vieillesse, Moriset avait entrepris le transport des marchandises et des voyageurs, de son village et des autres localités qui se trouvaient sur la route, au chef-lieu du département *et vice versâ*. Tous les jours, à quatre heures du matin, hiver comme été, Moriset se mettait en route et traversait au petit trot la grande rue du village, les claquements de son fouet et le bruit des grelots attachés aux colliers de ses chevaux étaient le réveille-matin des habitants de Doncourt.

Le soir, au retour, il comptait le gain de sa journée qu'il enfermait soigneusement dans un sac de cuir, et lorsqu'une vente publique avait lieu dans le village, il achetait soit une pièce de terre, soit un pré qu'il payait toujours comptant.

La plupart des petites fortunes à la campagne se compose de biens-fonds. Chaque propriétaire sait parfaitement ce que possèdent ses voisins, si toutefois les propriétés ne sont pas grevées d'hypothèques, ce qui, malheureusement, n'est pas rare.

Mais monsieur Moriset ne se trouvait point dans

ce cas ; il ne devait rien à personne. Aussi, sa fille était-elle le point de mire de tous les pères ayant un fils à marier.

— Ce diable de Moriset s'enrichit tous les jours, répétait-on partout, encore quelques années, au train dont il y va, et sa fille sera un des riches partis du pays.

Marcelle, nous l'avons dit, ne manquait pas de prétendants ; si les parents voyaient une bonne affaire dans le mariage de la jeune fille avec leurs fils, ceux-ci, laissant de côté toute question d'intérêt, se seraient trouvés heureux de fixer son attention.

Tous les soirs, dans la belle saison, madame Moriset et sa fille venaient s'asseoir sous les noyers pour y attendre l'arrivée du messager. Quelques jeunes paysannes s'y rendaient aussi pour causer avec Marcelle, et les jeunes gens, au retour des champs, s'y reposaient de leurs fatigues. Tous désiraient plaire à Marcelle. Chacun faisait valoir ses qualités personnelles en étalant avec la coquetterie et la fatuité paysannes, l'un, ses larges épaules carrées, l'autre, ses longs cheveux bouclés ; celui-ci, en caressant sa moustache naissante, et celui-là, en donnant à son regard une expression de tendresse comique.

Les mères ne restaient pas en arrière dans cette espèce de siège ouvert autour de la jeune héritière.

— Notre Philippe, disait l'une, c'est un cheval à la besogne, il est toujours le premier et le dernier au travail. Je crois, madame Moriset, que votre Mignonnette serait heureuse avec lui.

— Vous allez bientôt marier votre fille, madame Moriset, insinuait une autre, les épouseurs ne lui manquent pas; mais mon garçon lui convient mieux qu'un autre. Son père se fait vieux, il va lui laisser la charrue un de ces matins, et Mignonnette serait, en se mariant, maîtresse de maison.

— Mignonnette, disait la femme de l'épicier, est trop bien élevée et trop délicate pour épouser un fermier; ses jolies mains ne sont pas faites pour se durcir au travail des champs; elle serait bien mieux dans le commerce, et mon fils est le seul parti convenable pour elle à Doncourt.

A ces diverses ouvertures, répétées souvent et accompagnées de mouvements de tête, de clignements d'yeux et de câlineries, madame Moriset répondait :

— Marcelle est bien jeune; elle ne pense pas encore à se marier; du reste, nous ne la contrarierons point; nous la laissons libre de se choisir un mari.

Madame Moriset disait vrai : Marcelle n'aimait pas encore : elle avait conservé l'insouciance et la naïveté de ses jeunes années.

Aucun des garçons du village ne pouvait se flatter d'avoir été ou d'être pour Marcelle l'objet d'une préférence marquée; elle avait pour tous le même regard bienveillant, les mêmes manières exemptes de coquetterie, le même sourire gracieux; cependant, l'un d'eux avait peut-être plus que les autres l'espoir d'être aimé. Sa mère, femme d'un brave journalier nommé Thiéry, était l'amie d'enfance de madame Moriset. Elle occupait une petite maison située à peu de distance de l'habitation Moriset, ce qui permettait aux deux mères de se voir souvent. Malgré l'inégalité de leurs positions, leur affection était restée la même. Deux jours par semaine la femme Thiéry allait chez madame Moriset qui l'employait à réparer le linge, à faire ses robes et les blouses de son mari, à teiller et à filer le chanvre. Elle amenait avec elle son petit Jules pour jouer avec Marcelle. Les deux enfants, habitués à se voir, n'étaient heureux qu'ensemble. Jules, plus âgé que Marcelle de quelques années, l'appelait sa petite femme ; Marcelle le nommait son petit mari au grand contentement des deux mères, qui faisaient déjà de beaux projets pour l'avenir. La pensée de marier un jour leurs enfants était venue en même temps à madame Moriset et à la mère Thiéry, et toutes deux attendaient impatiemment l'époque où elles pourraient réaliser ce projet qui rendrait encore plus intime leur vieille amitié.

L'affection des deux enfants s'était modifiée en grandissant. Ils s'appelèrent d'abord Jules et Marcelle tout court ; plus tard, ils ajoutèrent à leurs noms les titres de monsieur et mademoiselle. Pour Marcelle, Jules était toujours le jeune homme qui avait partagé ses jeux, l'ami d'enfance, et rien de plus, Jules, au contraire, avait longtemps aimé Marcelle comme une sœur ; puis un jour, il s'aperçut qu'il l'aimait autrement ; il comprit que son existence était étroitement unie à celle de la jeune fille.

Marcelle aimait les fleurs. Un jour, Jules lui apporta un rosier rare et couvert de boutons sur le point de fleurir; il l'avait acheté pour elle à la ville. Un charmant sourire le remercia. Il était heureux.

L'arbuste mis dans un pot de terre fut placé par Marcelle au bord de sa fenêtre. Deux fois par jour elle l'arrosait. Une heure après le retour du soleil, Marcelle en se levant venait admirer ses roses épanouies. Jules passait en ce moment; il lui disait bonjour. Marcelle souriait; puis, cachant sa tête blonde parmi les fleurs dont elle aspirait le parfum, elle semblait lui dire: Je pense à toi! Jules s'éloignait content.

L'heure de la conscription sonna pour Jules. Au jour fixé pour le tirage, le sort trompa l'espérance de madame Thiéry. Son fils était soldat. Au moment du départ, en présence de ses parents désespérés et de madame Moriset qui pleurait, il dit à Marcelle en l'embrassant :

— Je pars, Marcelle ; mais je reviendrai si vous me promettez de m'attendre.

— Je vous attendrai, répondit la jeune fille.

Jules essuya ses larmes, et un sourire heureux se dessina sur ses lèvres.

— Conservez avec soin notre rosier, reprit-il; il vous fera songer à moi. Oh ! tant qu'il vivra, aussi longtemps que les roses fleuriront, vous ne m'oublierez pas, j'en suis sûr.

— Chaque matin je l'arroserai, dit Marcelle ; ses fleurs me parleront de vous.

Et elle tendit sa petite main blanche au jeune homme.

Jules la pressa doucement; il embrassa madame Moriset, serra sa mère dans ses bras et partit.

— Adieu ! adieu ! adieu ! lui crièrent encore les trois femmes et son vieux père.

— Au revoir, chers parents ! à bientôt, Marcelle, répondit Jules.

Un instant après, il était déjà loin.

II

« Dix heures du matin, j'ai dormi longtemps ; c'est autant de pris sur l'ennui de la journée. Ah maudit pays ! encore une semaine comme celle que je viens de passer et je meurs de consomption. Aussi, pourquoi diable suis-je venu m'enterrer dans ce village, à cent lieues de Paris, c'est-à-dire à cent lieues de la vie et du monde? sous prétexte d'y venir embrasser un vieux colonel parce qu'il est mon oncle. Ce n'est pas que le cher homme m'ait fait mauvais accueil ; depuis mon arrivée il devient chaque jour plus gai, à mesure que l'ennui me gagne. Il rajeunit en me racontant ses anciens exploits ; en me parlant d'Austerlitz, de Wagram, de Friedland, de Moscou, et moi, je me sens vieillir. On dirait que mon oncle s'approprie ma jeunesse et qu'il me donne ses soixante-dix ans. — Maudit pays ! tout y est laid ; les maisons, les rues et les femmes ; il n'y a vraiment pas moyen d'y vivre. »

En parlant ainsi, Henri Charrel s'était habillé ; il passa une dernière fois le peigne dans sa belle chevelure noire, releva délicatement sa fine moustache et se campa devant la glace. Un sourire de satisfaction erra sur ses lèvres. Evidemment il était content de lui. Après s'être admiré tout à son aise, ce qui lui arrivait souvent, il ouvrit la fenêtre de sa chambre, alluma un des excellents cigares qu'il avait achetés avant de quitter Paris, s'assit commodément dans un fauteuil et se mit à rêver. A quoi?

Henri Charrel avait vingt-six ans; depuis quelques années, il habitait Paris où il était censé faire son droit; mais on le rencontrait plus souvent dans les estaminets qu'à l'Ecole. Heureusement pour lui, il n'attendait pas après le titre de docteur pour vivre. Outre la fortune de ses parents, qui devait lui revenir un jour, il était l'unique héritier du colonel Colmant.

Depuis longtemps, le vieux soldat désirait voir son neveu, il lui avait écrit plusieurs fois à ce sujet, et une dernière lettre plus pressante que les autres décida enfin l'étudiant à venir passer quelques jours à Doncourt. Comme nous l'avons vu, il s'ennuyait; la vie paisible qu'on mène à la campagne n'allait point à ses habitudes. Il lui fallait des distractions, du bruit. Il n'en trouvait point. Le silence le tuait.

Assis dans son fauteuil, sa pensée voyageait vers Paris. Il regrettait les joyeuses soirées du café Belge, où ses mains jouaient, causaient, riaient, chantaient sans lui. Il regrettait les massifs touffus de la Closerie des Lilas, les rencontres prévues sous les grands arbres du Luxembourg. Il regrettait son cher quartier latin et Louise; Louise la brune, sa maîtresse depuis quinze jours. Elle avait pleuré en le voyant partir et... elle s'était peut-être déjà consolée avec un autre.

— Décidément, je n'y tiens plus, s'écria-t-il en lançant son cigare à demi fumé par la fenêtre, je partirai demain.

Il fut interrompu par la servante de son oncle qui venait l'avertir que le colonel l'attendait pour se mettre à table.

Après le déjeuner, qui se prolongea outre mesure, car il fut assaisonné des récits sans fin du vieux militaire, Henri sortit. Il traversa le village sans s'occuper des regards curieux dirigés sur lui. Les habitants se mettaient aux portes et aux fenêtres; les enfants se cachaient dans le tablier de leur mère, comme s'ils avaient peur; les jeunes filles rougissaient puis poussaient un soupir; les autres, le regardant passer, souriaient d'un air moqueur en disant : — C'est un parisien.

Ses pas le conduisirent au bord de la Varveine, devant la maison de M. Moriset. Henri n'était pas le moins du monde poète, cependant, la beauté du lieu lui plut; sa mauvaise humeur disparut et quelques sensations douces lui remuèrent le cœur.

En examinant la maison, son regard rencontra celui de Marcelle qui, appuyée sur sa fenêtre, le regardait depuis quelques instants. En se voyant remarquée, Marcelle baissa les yeux et rougit. Pourtant, elle osa regarder encore. Henri, qui s'était aperçu de l'impression produite par sa bonne mine se permit de saluer Marcelle; celle-ci, effrayée et honteuse, se retira vivement au fond de sa chambre.

Henri se promena longtemps autour de la maison, passant et repassant devant la fenêtre ; mais la jeune fille ne se montra plus.

Le soir, le colonel put lui raconter tout à son aise et sans qu'il s'impatientât l'histoire merveilleuse de la grande armée. Henri ne l'écoutait pas. Il pensait à Marcelle.

A onze heures, il rentra dans sa chambre.

— Quelle jolie fille! se dit-il en jetant sa tête sur l'oreiller; je n'ai de ma vie rencontré un visage aussi gracieux. Et dire que cette perle fine est enterrée vivante dans cet affreux village! Pauvre enfant! elle mérite de fixer mon attention pendant quelque temps; d'ailleurs, ici, je n'ai pas le choix des distractions. Puis, pour arriver plus vite au lendemain, il s'endormit aussitôt.Ce n'est pas de Paris qu'il rêva.

Marcelle n'était pas aussi tranquille; l'insouciante et rieuse enfant pour la première fois de sa vie, rêvait sans dormir. Elle rêvait. A quoi donc? Elle l'ignorait. Un changement subit s'était fait en elle. Des idées vagues, dont elle cherchait à pénétrer le sens mystérieux, couraient dans son esprit. Et c'était le salut, le regard d'un homme qui avaient fait tout cela. Ce regard en ouvrant son cœur venait d'y jeter le trouble et mille désirs confus. Mais cet homme était jeune, il était beau; il avait des mains blanches, la figure pâle; il portait si bien son costume de citadin! N'avait-il pas toutes les perfections imaginables aux yeux de Marcelle? Cette pauvre petite Mignonnette habituée à voir autour d'elle de gros garçons à la face bouffie et bronzée au soleil, aux mains larges et calleuses. Hélas! le souvenir de Jules était déjà bien loin d'elle.

Elle entendit l'alouette chanter. Il était jour. Elle n'avait pas songé à dormir. Comme à l'ordinaire, un rayon de soleil glissa dans sa chambre et grimpa aux rideaux blancs de son lit pour lui dire bonjour. Elle se leva, et oubliant pour la première fois de faire sa prière du matin, elle ouvrit sa fenêtre et y resta pensive. Elle n'arrosa pas son rosier ; elle ne donna pas même un regard aux pauvres roses qui lui souriaient.

Quelque chose lui disait : Il viendra. Et elle attendit.

Henri vint en effet. Comme elle fut émue en l'apercevant ; son cœur battait à se briser. Le soleil qui s'était caché depuis quelques minutes derrière un nuage, reparut brillant et lui lança ses rayons au visage comme pour la chasser ; elle ne bougea pas. De même que la veille, Henri la salua. Comme la veille aussi Marcelle rougit, mais elle lui rendit son salut et resta à la fenêtre.

Ils se virent ainsi pendant quelques jours sans se parler autrement que des yeux.

— Mes affaires vont bien, se dit un soir Henri ; il est temps d'agir. L'amour aux fenêtres a bien ses agréments, mais il ne va pas à ma nature. Il faut...

Pour compléter sa pensée, il avait besoin de réfléchir. Il s'étendit dans un fauteuil et se mit à chercher dans sa tête par quel moyen adroit il pourrait pénétrer dans la maison Moriset, afin de se rapprocher de Marcelle.

Au bout de deux heures, il avait imaginé vingt plans aussi mauvais qu'impraticables ; et, désespérant d'arriver à son but, il était furieux contre lui-même.

— Demain mon esprit sera plus lucide, se dit-il. Il sortit, fit le tour du village en fumant son cigare et rentra pour se mettre au lit.

Le lendemain, à son réveil, la servante du colonel lui apporta une lettre maculée de plusieurs timbres. Elle avait été écrite au camp de l'armée française devant Sébastopol, et dirigée sur Paris. De là on l'avait envoyée à Doncourt. Cette lettre était d'un ami de collège d'Henri Charrel, lieutenant dans un régiment des chasseurs de Vincennes.

Henri n'ignorait pas que Marcelle avait été fiancée à Jules Thiéry; il savait aussi que ce dernier faisait partie de l'armée de Crimée; il connaissait son régiment, et ce régiment était précisément le même que celui où servait son ami.

La lecture de la lettre achevée, l'étudiant appuya sa main sur son front et parut s'oublier dans une profonde méditation. Mais au bout de quelques minutes, il releva la tête. Son regard étincelait, la joie de l'homme qui vient de faire une découverte importante éclatait sur son front; il souriait, mais son sourire était étrange.

— C'est bien cela, se dit-il; j'ai trouvé ce que je cherchais hier; je vais pouvoir entrer dans la maison Moriset. Je verrai Marcelle chaque jour, je lui parlerai; sans doute elle ne m'aime pas encore; mais avant quinze jours, j'en réponds, elle aura oublié son fiancé.

Deux heures plus tard, Marcelle, debout près de

sa fenêtre, attendait l'instant où Henri passerait comme les jours précédents, devant la maison de son père. Elle le vit venir de loin et elle crut remarquer qu'il était triste. L'étudiant s'était composé un visage de circonstance pour se présenter devant la jeune fille.

Marcelle sentit son cœur bondir dans sa poitrine lorsque Henri, après l'avoir saluée, se dirigea vers elle au lieu de continuer sa promenade.

— Il vient ici ! s'écria-t-elle en s'éloignant de la fenêtre avec précipitation.

Henri frappait déjà à la porte.

Madame Moriset était sortie ; Marcelle fut forcée d'ouvrir elle-même.

Henri entra. Marcelle tremblait ainsi qu'une feuille au vent ; son visage était devenu rouge comme une fleur de grenadier. Etonnée et confuse, comme si elle eût fait une mauvaise action, elle baissait les yeux et n'osait regarder l'homme qu'elle attendait un instant auparavant. Elle se sentait trop près d'elle.

L'étudiant n'eut qu'à jeter un regard sur la jeune fille pour comprendre son embarras. Il résolut de la mettre tout de suite à son aise en lui parlant avec une certaine familiarité, sans cependant s'éloigner du langage de bon goût qui distingue l'homme bien élevé. Il prit un siège et engagea Marcelle à s'asseoir. Puis, d'une voix émue :

— Mademoiselle, lui dit-il, aujourd'hui pour la première fois, j'ai le bonheur d'être près de vous, de vous parler ; mais je regrette de le devoir à une triste circonstance.

Marcelle leva les yeux sur lui et son regard l'interrogea avec inquiétude.

— Vous êtes fiancée à un jeune homme de Doncourt, poursuivit Henri, ce jeune homme est militaire?

— C'est vrai, monsieur, répondit Marcelle.

— Avant de vous dire ce qui m'amène, continua l'étudiant, je voudrais vous faire une question indiscrète, peut-être?

— Je vous écoute, monsieur.

— Aimez-vous Jules Thiéry?

Marcelle tressaillit : cette question était pour elle un reproche, car elle surprenait sa pensée s'occupant d'un autre.

— Jules est mon fiancé, balbutia-t-elle.

— Oui, reprit l'étudiant en souriant légèrement; il est votre fiancé; il a été votre ami d'enfance, je le sais; mais il y a une grande différence entre l'amitié et l'amour; l'amour, cet entraînement inexplicable du cœur vers la personne aimée. Vous avez pour Jules Thiéry une affection de sœur; vous ne l'avez jamais aimé comme vous aimerez l'homme que vous choisirez librement pour mari.

Vous voyez, mademoiselle, que je connais vos sentiments.

Marcelle examina Henri avec un naïf étonnement.

— Ce que vous me dites est vrai, murmura-t-elle.

— En vous voyant chaque jour belle, insouciante, heureuse, j'avais deviné que votre cœur était libre encore, mais il fallait que la certitude me vînt de vous-même, afin qu'il me fût possible de vous parler franchement et sans craindre de vous causer une trop douloureuse émotion.

— Qu'avez-vous donc à me dire?

— Y a-t-il longtemps que vous n'avez eu de nouvelles de votre fiancé?

— Sa mère a reçu une lettre de lui il y a huit jours.

— Et... écrit-il souvent?

— Tous les deux ou trois mois.

— Voilà qui se trouve à merveille, pensa Henri.

Marcelle ne comprenait point où l'étudiant voulait en venir; elle lui répondait machinalement, se préoccupant beaucoup plus de le voir près d'elle, qu'elle ne s'attachait au sens de ses paroles.

— Je viens de recevoir aujourd'hui même une lettre de Crimée, reprit Henri. L'ami qui m'écrit, officier dans le même régiment que M. Thiéry, m'apprend que ce jeune soldat vient d'être tué dans une rencontre avec les Russes.

Marcelle poussa un cri, pâlit et deux larmes coulèrent de ses joues.

— Pauvre Jules! fit-elle en laissant tomber sa tête sur son sein.

La douleur réelle de la jeune fille étonna l'étudiant; mais il ne songea pas à se repentir de son mensonge. Il avait pensé que Jules Thiéry pouvait être un obstacle entre lui et Marcelle; or, en faisant croire à la jeune fille que son fiancé n'existait plus, il lui rendait la promesse faite à l'absent, et détruisait d'un seul coup l'obstacle qui le séparait d'elle.

— La nouvelle que je viens de vous apprendre, reprit Henri, serait terrible pour les parents du jeune homme, veuillez n'en point parler. Hélas ! ils ne le sauront que trop tôt.

Marcelle promit de garder le silence.

— Demain, je reviendrai causer avec vous, dit Henri ; vous me présenterez à votre mère.

Il se leva pour partir. Marcelle le reconduisit jusqu'à la porte.

Henri lui prit la main et la serra ; il la sentit trembler dans la sienne comme un oiseau qu'on vient de prendre au trébuchet.

— A demain, dit-il en s'éloignant.

— A demain, répondit Marcelle, sans trop savoir ce qu'elle disait.

L'étudiant revint le lendemain. Marcelle n'avait pas osé parler de sa visite de la veille à sa mère Henri le comprit. Il s'annonça lui-même.

— Hier, dit-il à madame Moriset, j'ai eu l'occasion de causer avec mademoiselle Marcelle ; je lui ai demandé plusieurs renseignements sur les environs, qu'elle a bien voulu me donner. Vous étiez absente, madame, et je n'ai pu résister ce matin au désir de vous présenter mes respects et de remercier encore une fois, devant vous, votre charmante fille.

— Vous êtes trop bon, monsieur, répondit l'honnête femme. Croyez que ma fille et moi, nous sommes très honorées de votre visite. Nous vous recevrons toujours avec plaisir, monsieur, chaque fois que votre promenade vous amènera de ce côté.

Madame Moriset était à cent lieues de se douter des pensées secrètes qui faisaient agir le neveu du colonel. Intérieurement, elle se trouvait excessivement flattée de le recevoir chez elle, car l'amour-propre existe partout, même dans les cœurs les plus simples. Henri prolongea sa visite le plus qu'il put. Il parla beaucoup et avec esprit, tout en observant Marcelle. Quant à la jeune fille, elle ne prononça que quelques paroles. Elle osait à peine lever les yeux de dessus son ouvrage.

Pendant plusieurs jours, l'étudiant dirigea ses promenades du côté de la Varveine. Devant madame Moriset, il s'observait dans ses paroles ; mais lorsqu'il se trouvait, par hasard, seul avec Marcelle, sa voix devenait émue et vibrante, il parlait admirablement la langue du sentiment, et la jeune fille suspendue à ses lèvres buvait à longs traits les effluves d'une séduction calculée. Elle l'aima comme aime la jeunesse, non par l'imagination, mais avec le cœur, mais avec l'âme.

A partir de ce moment, on ne vit plus, comme à l'ordinaire, Marcelle à sa fenêtre. En vain les rayons du soleil jouaient sur les vitres, elle ne s'ouvrait plus. Marcelle avait oublié son rosier, l'arbuste donné par Jules .. Faute d'un peu d'eau, les roses se fanèrent, et les boutons près d'éclore s'inclinèrent tristement sur leurs tiges flétries.

III

Pour la voir et lui parler plus librement, Henri décida Marcelle à se promener avec lui, le soir, au bord de la Varveine, à la clarté de la lune et des étoiles. La première fois qu'elle alla au rendez-vous, Marcelle sortit doucement de sa chambre et traversa le jardin pour gagner une petite porte ouvrant sur la rivière. Elle marchait lentement, craintive ; sa raison lui disait vaguement qu'elle avait tort, mais son cœur répondait non. Son regard se promenait autour d'elle interrogeant les ombres. Le bruit des petits cailloux roulant sous ses pieds l'effrayait. Si, dans ce moment, le jappement d'un chien ou le chant d'un coq eût frappé son oreille, elle serait revenue sur ses pas, et peut-être... Mais rien ne troubla le silence autour d'elle.

Henri vint à elle ; il lui prit la main, et la conduisant au bord de l'eau :

— Je vous attendais, dit-il.

— Je suis venue, répondit Marcelle, mais j'ai peur.

— Peur de qui ? de moi ?

— Oh ! non.

— Alors de quoi avez-vous peur ?

— Je ne sais pas. Je crois que je n'aurais pas dû venir.

— Ah ! Marcelle, ce n'est pas bien de me dire cela ; n'avez-vous point confiance en moi ? Est-ce que je ne vous aime pas ?

— Vous m'avez dit que vous m'aimiez, je vous crois.

— Oui, je vous aime, Marcelle, je veux vous aimer toujours, je resterai à Doncourt, nous ne nous quitterons jamais. Êtes-vous contente ?

— Oh ! je suis bien heureuse !

Marcelle voyait Henri plus rarement dans le

jour; mais quand le ciel était pur, elle savait qu'il se trouverait le soir à la porte du jardin de son père et elle attendait la nuit pour s'enivrer de sa vue et de son amour. Chaque jour Henri la trouvait plus jolie; il le lui disait du moins. Le bonheur, en effet, rendait Marcelle rayonnante. Elle racontait à Henri toutes ses pensées, ses rêves d'amour, et lui dévoilait les trésors de tendresse infinie renfermés en elle. Pendant quinze jours, l'étudiant l'écouta, il trouvait même un certain plaisir à la faire parler; mais bientôt il se lassa, l'indifférence était venue. Rassasié de l'amour de Marcelle, la jeune fille le fatiguait. Son existence auprès d'elle commençait à lui paraître lourde et monotone. Il avait pu vivre près d'un mois sans ennui, loin de ses habitudes; c'était à faire hausser les épaules aux plus crédules de ses amis. Il s'en étonnait lui-même. Sa pensée le ramena vers Paris, et il se mit à rêver de nouveaux plaisirs. Il fit ses préparatifs pour quitter Doncourt. Une circonstance qu'il n'avait pas prévue contribua encore à hâter son départ. Sébastopol était tombé au pouvoir des Français et des Anglais, la paix venait d'être signée, et l'armée française qu'avait commandée le général Pélissier allait faire son entrée triomphale dans Paris. Henri craignit qu'une lettre de Jules Thiéry ne vînt découvrir la ruse dont il s'était servi auprès de Marcelle, il voulait se soustraire aux conséquences de cette révélation.

La veille de son départ, il vit encore Marcelle.

— Henri, lui dit la jeune fille, quand nous marierons-nous?

— Bientôt, répondit-il avec embarras.

— Bientôt ; vous me dites toujours cela.

— Je suis si heureux, ma petite Marcelle, que je ne pense pas à l'être davantage.

— Je suis heureuse aussi ; mais vous n'êtes pas assez à moi ; je crains toujours de voir mon bonheur m'échapper.

— Pourquoi ?

— Vous êtes si beau, Henri, vous êtes si au-dessus de moi que, malgré vos promesses, j'ai peur qu'une autre...

— Petite folle.

— C'est que, voyez-vous, si vous ne m'aimiez plus...

— Eh bien ?

— Je mourrais.

— Rassurez-vous, ma mignonne chérie, je vous aimerai toujours.

— Oh ! oui, toujours ; votre amour c'est ma vie, et je veux vivre.

— Il se fait tard, dit Henri en tirant sa montre qu'il passa sous un rayon de la lune.

— Tard, mais non. Oh ! je vous en prie, restons encore un peu.

— Il faut avoir soin de votre santé, Marcelle.

— Je fais tout ce que vous voulez, rentrons.

Henri la conduisit jusqu'à la porte du jardin.

— A demain, dit Marcelle.

— A demain, répondit machinalement Henri qui venait de jouer la dernière scène de sa comédie.

Le lendemain Marcelle se trouva seule au rendez-vous. Triste et inquiète, elle attendit. Henri ne vint pas. Il ne devait plus venir.

Le jour suivant était un dimanche. Marcelle accompagna sa mère à la messe.

En sortant de l'église, pendant que madame Moriset disait une courte prière sur la tombe de ses parents, Marcelle écoutait la conversation de deux femmes arrêtées tout près d'elle.

— Votre jeune monsieur a donc quitté Doncourt, Catherine?

Oui, répondit la servante du colonel Colmant ; il est parti hier au soir ; il commençait à s'ennuyer ; car, voyez-vous, le colonel avec ses batailles et ses coups de canon, n'est pas toujours amusant.

— Croyez-vous, Catherine, que M. Henri n'a pas su se distraire à Doncourt ?

— Je pense le contraire, et, entre nous, je parierais qu'une amourette...

— Ah! vous croyez, fit la commère en regardant Marcelle avec intention.

La pauvre enfant, qui avait pâli en apprenant le départ d'Henri, devint rouge et se troubla sous le regard de la paysanne. Elle s'empara vivement du bras de sa mère et se serra contre elle comme pour lui demander de la protéger. Madame Moriset n'avait rien vu, rien compris.

En rentrant, Marcelle s'enferma dans sa chambre et pleura.

— Il est parti! — Ces mots, comme un acier tranchant, venaient d'ouvrir au cœur de la jeune fille une blessure profonde. Elle voulut douter encore ; elle chercha à se convaincre qu'elle avait mal entendu, car croire à la trahison d'Henri, c'était recevoir la mort, et elle aimait tant la vie ! La vie si heureuse pour elle depuis qu'elle aimait surtout.

Mais les paroles de la servante du colonel repassèrent dans sa mémoire et frappèrent son cerveau comme le battant d'une cloche. Henri était parti, il l'avait trompée et elle ne pouvait le maudire. C'est alors qu'elle mesura la profondeur de l'abîme où elle avait été jetée froidement. Et cette femme qui l'avait regardée, connaissait-elle son secret ?

Marcelle le crut, car elle était coupable. Elle se roulait sur son lit en se tordant dans son désespoir ; ses mains déchiraient son beau visage. Elle aurait voulu mourir.

Sa mère vint plusieurs fois frapper à sa porte ; elle n'ouvrit pas.

Ce n'est que dans la soirée qu'elle consentit à la recevoir. La pauvre mère fut effrayée de la pâleur répandue sur le visage de sa fille.

— Qu'as-tu, ma mignonnette ? lui demanda-t-elle. Tu es malade.

— Je n'ai rien, répondit Marcelle.

— Tu me trompes, tu souffres, mon enfant.

Marcelle resta muette. Des larmes roulaient dans ses yeux ; elle eut la force de les retenir. Son calme apparent rassura un peu sa mère.

En ce moment la mère Thiéry arriva ; elle était rayonnante. Une joie immense éclatait dans son regard, sa démarche et ses moindres gestes.

— Jules vient de nous écrire, voici sa lettre, s'écria-t-elle.

Et elle se laissa tomber sur un siège comme si sa grande joie l'eût accablée.

— Jules, Jules, balbutia Marcelle en devenant plus pâle encore.

— Il n'a pas été blessé, reprit l'heureuse mère, il se porte à merveille. Il vient d'obtenir un congé temporaire, et demain, peut-être, il sera à Doncourt. Il t'embrassera bien, Ursule, et toi aussi, Mignonnette.

Marcelle sentit quelque chose de froid peser sur sa poitrine.

— Cher Jules, dit madame Moriset, nos bras lui seront ouverts. Oh! comme nous allons fêter son retour! N'est-ce pas, Mignonne?

Un oui sourd sortit de la bouche de la jeune fille.

IV

Le jour, loin du regard inquiet de sa mère, la nuit derrière les rideaux de son lit, Marcelle pleura; les larmes rougirent ses yeux. Frappée dans son amour sur lequel elle avait placé son bonheur et déjà escompté tant de joies, elle ne chercha pas à retenir une seule de ses illusions qui s'envolaient loin d'elle; elle n'écouta point si à ses côtés une voix amie ne lui crierait pas : Espoir. Elle laissa la douleur tourmenter sa pauvre âme. Son imagination, si facile à tout exagérer, se peupla de sombres images. Devant et derrière elle se dressèrent deux fantômes hideux : le passé et l'avenir; le passé qui lui laissait un remords pour souvenir, l'avenir qui lui apparaissait en deuil, apportant des regrets et des douleurs.

Un soir, quelque temps après le départ d'Henri Charrel, Marcelle s'était retirée dans sa chambre de bonne heure, madame Morisot travaillait dans la pièce voisine en attendant son mari. Le messager arriva vers neuf heures.

— La journée a été bonne aujourd'hui, dit-il en accrochant son feutre à un clou. Tiens, ma femme, regarde.

Et il éparpilla sur la table deux ou trois poignées de monnaie blanche qu'il se mit à compter aussitôt.

— Quarante francs, reprit-il d'un ton de joyeuse humeur, voilà ma journée, sans compter une belle robe neuve pour la Mignonne et un fichu pour toi. Maintenant, ajouta-t-il, j'ai une nouvelle à t'apprendre : Jules Thiéry est arrivé, je l'ai amené de la ville.

Marcelle, sans écouter, entendait les paroles de son père. Au nom de Jules, le sang monta subitement à sa tête, ses oreilles tintèrent ; il lui sembla qu'elle allait étouffer. Elle porta sa main à son front et le pressa fortement Sa tête s'alourdissait de plus en plus ; elle sentait sa raison l'abandonner. Le visage de Jules lui apparaissait sombre et désolé, laissant lire un reproche dans son regard et le mépris dans la contraction de ses lèvres. Elle eut peur. Elle crut entendre la voix du jeune homme qui lui criait : — Je revenais heureux près de vous, car vous m'aviez promis de garder mon souvenir. Mais vous avez oublié l'absent, vous avez laissé mourir notre rosier et flétrir votre honneur ; je vous aime encore, Marcelle, je vous aime et je vous maudis.

Alors, la jeune fille épouvantée ferma les yeux, étendit les bras comme pour repousser la menaçante apparition et s'élança hors de sa chambre afin de ne plus entendre les plaintes qui se soulevaient autour d'elle. Elle descendit et se promena un instant sous les arbres en proie à une agitation fébrile, Tout à coup, elle s'arrêta devant la porte du jardin, l'ouvrit et courut sans s'arrêter jusqu'au bord de la Varveine. Une horrible pensée venait d'éclore dans son cerveau.

L'eau, resserrée dans son lit, coulait avec rapidité, mais sans bruit. Les rayons de la lune en se jouant sur les flots, tranquilles en apparence, faisaient jaillir des milliers d'étincelles multicolores et des gerbes de fils d'argent. Marcelle regarda autour d'elle avec effroi. Peut-être craignait-elle d'être observée. Mais elle était bien seule. Un souffle tiède et parfumé faisait frémir, au dessous de sa tête, le feuillage des saules. Le regard de Marcelle se fixa sur un seul point de la rivière ; elle fit un pas en avant. Elle sentit le vertige s'emparer d'elle. Encore un pas, et la malheureuse enfant va disparaître, et les eaux étonnées rouleront son cadavre...

En ce moment l'horloge de l'église sonna. Marcelle hésitait. Immobile, palpitante et la sueur au front, elle compta dix heures. Elle étendit ses bras devant elle ; mais au lieu d'avancer, elle recula en frissonnant. Le son de la cloche qui le dimanche l'appelait à la prière, le son de la cloche venait de lui parler de Dieu. Elle s'élança d'un pas rapide dans la direction de la petite église et vint tomber à genoux devant le portail. Les mains jointes et le front courbé, elle pria en pleurant. Quand elle se releva, elle pleurait encore, mais elle était résignée à vivre.

Elle reprit lentement le chemin de la maison de son père.

Ainsi que M. Moriset l'avait annoncé, Jules Thiéry était revenu à Doncourt ; mais le retour du jeune soldat n'y ramenait pas la joie. Le front de Jules était soucieux, et son regard profondément attristé. Il embrassa ses parents et alla s'asseoir silencieusement près de la cheminée.

Le père et la mère se regardèrent avec une douloureuse surprise ; chacun semblait demander à l'autre ce qu'ils devaient dire ou faire.

Jules, la tête inclinée sur sa poitrine, les bras pendants et le regard fixe, avait oublié que deux êtres qui le chérissaient uniquement, l'observaient et souffraient de le voir presque insensible à leurs caresses.

Après un instant de ce cruel silence, la mère s'approcha de son fils et lui prit affectueusement la main.

Le jeune homme releva la tête, puis, attirant sa mère à lui, il l'embrassa à plusieurs reprises.

— Vous vous étonnez de ma conduite, vous me trouvez bizarre, n'est-ce pas, ma mère ? Peut-être avez-vous pensé que je vous aimais moins qu'autrefois. Oh ! ne le croyez pas, vous êtes toujours, vous et mon père, ce que j'ai de plus cher au monde.

— Nous le savons, mon ami ; cependant nous ne comprenons pas que tu ne trouves rien à nous dire.

— Que puis-je vous dire, bonne mère ? Me retrouver près de vous est tout ce que je puis désirer.

— Tu as bien quelques questions à nous adresser ?

— Non, aucune.

— Je croyais pourtant que tu m'aurais demandé des nouvelles de Marcelle, reprit la mère en souriant.

— Marcelle ! c'est vrai, ma mère ; elle se porte bien ?

— Oui, très bien. Et je suis sûre qu'elle t'attend ce soir.

— Je crois que vous vous trompez, ma mère.

— M. Moriset a dû dire que tu étais arrivé. Ne veux-tu pas venir embrasser Marcelle et sa mère ; elles ne se seront pas couchées, pensant que tu viendrais leur faire une visite.

— Je n'ai rien à vous refuser, et puisque vous paraissez le désirer, allons chez M. Moriset ; je serai heureux de souhaiter le bonsoir et d'embrasser...

— Marcelle ? interrompit madame Thiéry.

— Non, sa mère, fit Jules d'un ton sec.

Et pour ne pas répondre à une nouvelle question, il se leva en disant :

— Partons !

Marcelle venait de rentrer dans sa chambre lorsque la famille Thiéry arriva, Jules fut reçu à bras ouverts par madame Moriset. Pour tout le monde, Marcelle exceptée, le retour du jeune soldat était une vraie fête.

— Allons, femme, dit le père Moriset, donne-nous des verres et deux bouteilles de vieux vin ; il nous faut recevoir dignement ce brave défenseur de la France ; car tu leur en as fait voir de dures, aux ennemis, là-bas ?

— Mes camarades et moi, nous avons fait notre devoir.

— Et joliment, encore. Croiriez-vous, mère Thiéry, que j'ai fait plus de vingt questions à votre fils sur la route, et qu'il a daigné à peine me répondre. Ma parole d'honneur, je crois qu'il avait plus envie de pleurer que de bavarder avec moi.

— Je ne m'en défends pas ; et même, en ce moment, malgré le plaisir que j'éprouve en me revoyant ici, à Doncourt, pres de mes parents, près de vous tous qui m'avez aimé enfant et qui m'aimez encore aujourd'hui, un affreux souvenir, la vue d'un homme le cœur traversé par une épée, me poursuit sans cesse.

— S'agit-il d'un Russe que vous avez tué ? demanda le messager.

— Celui dont je parle était un Francais.

— Un de vos camarades ?

— Un de mes camarades ! Oh ! non, un soldat n'est pas un lâche !...

— Comme il dit cela ! On le croirait en colère, reprit M. Moriset.

— Cet homme était donc un lâche ? demanda madame Thiéry.

— Oui, un lâche, un misérable, qui devait recevoir son châtiment.

Tenez, voulez-vous que je vous conte la chose ?

— Oui, oui, racontez, s'écria le messager en se frottant les mains ; j'aime les récits de bataille, moi.

— Alors, écoutez. Le lendemain de l'entrée de l'armée de Crimée dans Paris, quelques officiers et sous-officiers d'un même régiment s'étaient réunis dans un café de la ville ; j'étais du nombre des derniers. Il y avait là aussi, avec nous, deux ou trois jeunes gens, des pékins, comme nous les appelons, amenés par des officiers leurs amis. Depuis une heure, les verres d'absinthe et d'eau-de-vie de Champagne se succédaient sans intervalle, et les têtes étaient fortement échauffées. Tout à coup, un des jeunes Parisiens, s'adressant à un officier, lui demanda s'il connaissait un soldat dont il lui dit le nom.

Le militaire nommé faisait justement partie de la réunion.

— Parbleu ! répondit l'officier en souriant et en regardant ce soldat, je crois bien que je le connais.

— Et est-il revenu de Crimée ?

L'officier, flairant une histoire réjouissante, voulut pour un instant s'amuser aux dépens de celui qui l'interrogeait.

— Je suppose qu'il est encore à Sébastopol, répondit-il.

— En ce cas, je lui conseille d'y rester toujours.

— Bah ! et pourquoi cela ? demandèrent dix voix.

Je vous prie de croire que le militaire dont on

parlait, et qui écoutait tout cela, n'était pas sur un lit de roses.

— Voici, reprit le jeune homme, après avoir vidé son sixième verre d'absinthe. Il y a quelque temps je suis allé dans le village où est né ce soldat, village assez laid et où je n'aurais pu rester huit jours, si deux yeux bleus, les plus ravissants qu'on puisse voir, n'avaient trouvé moyen de me désennuyer et même de me faire oublier Paris et mes amis. Je devins donc amoureux de la belle aux yeux bleus, et je résolus de m'en faire aimer.

— Ce qui ne manqua pas d'arriver, dit un des officiers.

— La chose était assez difficile, reprit l'autre; mes yeux bleus étaient fiancés au soldat de Crimée, et quoique n'ayant pas à craindre qu'il vint me couper la gorge, il me fallait le chasser du cœur de ma belle, afin de m'y mettre à sa place. Savez-vous ce que j'imaginai?

— Non.

— Je fis mourir le fiancé, c'est-à-dire que j'annonçai sa mort à mes yeux bleus.

— Lesquels ne te crurent pas.

— Au contraire, messieurs, la petite niaise crut à mes paroles comme à l'Évangile.

— Ah! et ensuite?

— Ensuite je fus aimé et... vous devinez le reste.

En achevant ces mots, il se mit à rire bruyamment. Un silence lugubre lui répondit. Tous les yeux s'étaient fixés sur le soldat à qui on avait volé sa fiancée. Il s'était levé, pâle comme un mort, le regard étincelant et frissonnant de la tête aux pieds.

— Monsieur, vous êtes un infâme ! s'écria-t-il, en serrant la tête du séducteur entre la table et sa large main.

— Je ne vous connais pas ! râla le misérable, qui êtes-vous ?

— Je suis le fiancé de celle que vous avez perdue.

En prononçant ces mots, Jules Thiéry s'était levé et ses yeux lançaient des éclairs.

— Et ils se sont battus ? demanda le père Moriset.

— Le lendemain, reprit Jules d'une voix lente et grave, le séducteur tombait mortellement frappé au bois de Vincennes.

— Bravo ! s'écria Moriset, voilà un brave soldat. C'est égal, ajouta-t-il, la petite aux yeux bleus n'était pas digne d'être aimée par un si brave garçon. — Maintenant, Jules, à votre santé.

Après avoir bu, il reprit, s'adressant à sa femme :

— Dis donc, si tu allais chercher Marcelle, elle trinquerait avec nous.

— Sans doute qu'elle est couchée et qu'elle dort, sans cela elle serait déjà ici.

— C'est égal, va voir, dit le messager.

Madame Moriset passa dans la chambre de Marcelle ; presque aussitôt on l'entendit jeter un cri de douleur. Tous, excepté Jules, se précipitèrent dans la chambre voisine ; ils trouvèrent madame Moriset qui relevait sa fille, évanouie au milieu de sa chambre.

V

Dans la journée du lendemain, Jules Thiéry se présenta chez madame Moriset.

— Comment va Marcelle? lui demanda-t-il Son indisposition d'hier n'a pas eu de suites graves, j'espère.

— Non, Dieu merci. Venez donc lui dire bonjour, elle sera heureuse de vous voir.

Jules suivit madame Moriset dans la chambre de Marcelle.

La jeune fille était assise, songeuse et triste, près de sa fenêtre. Ses yeux éteints et rougis disaient assez quelle nuit elle avait passée.

— Mignonne, c'est M. Thiéry qui vient te demander si tu vas mieux, dit madame Moriset en entrant.

Marcelle se leva péniblement et retomba aussitôt sur sa chaise; une vive rougeur avait soudainement coloré ses joues.

— Votre accident d'hier soir m'avait inquiété, dit Jules en s'approchant de la jeune fille, et je ne voulais pas quitter Doncourt vous croyant malade.

— Quitter Doncourt! s'écria madame Moriset, vous allez donc repartir?

— Ce soir, oui, madame.

— Ce n'est pas ce que vous disiez dans votre lettre.

— En effet, j'avais annoncé à mes parents que je passerais plusieurs mois avec eux; mais depuis, il est survenu des événements qui ont complètement changé mes intentions.

— Mon cher Jules, il n'est pas possible que vous ne restiez point au moins quinze jours; nous vous ferons changer d'idée, n'est-ce pas, Marcelle?

— Oui, ma mère, répondit celle-ci, les yeux toujours baissés.

— Je vous laisse, dit madame Moriset. Marcelle, gronde-le bien, afin de le rendre plus raisonnable.

— Marcelle, dit Jules, lorsqu'il fut seul avec la jeune fille, vous savez pourquoi je pars?

— Oui.

— Alors vous savez que je vous aime toujours; vous devez comprendre combien je souffre. Hier vous m'avez entendu, lorsque je racontais l'histoire d'une pauvre fille qui, dans un instant, avait renié tout son bonheur passé, détruit toutes ses joies pour l'avenir.

— J'écoutais, dit Marcelle d'une voix étouffée.

— Je l'ai compris mais trop tard; j'ai été cruel et sans pitié pour vous, Marcelle, pardonnez-moi. Si j'ai tué le misérable qui vous avait trompée, c'est que je voulais absolument vous venger, et maintenant que vous n'avez plus rien à redouter de lui, maintenant que je ne suis rien pour vous et que je vous suis inutile, je pars, je quitte Doncourt pour n'y plus revenir.

— C'est donc moi qui vous chasse?

— Oui, car je vous aime trop pour pouvoir vivre près de vous; vous savoir à quelques pas de moi, vous voir presque chaque jour et ne plus avoir le droit de vous parler de notre enfance, de mon amour, qui était pour moi l'espoir de toute ma vie, serait un supplice au-dessus de mes forces.

— Pourquoi ne me haïssez-vous pas, Jules?

— Je ne vous hais pas, parce qu'à mes yeux vous êtes toujours la blonde enfant qui a partagé mes jeux, la douce jeune fille qui m'apparaissait radieuse, quand loin de la France je rêvais à mon pays.

— Vous avez raison, Jules, nous ne devons plus nous revoir; mais avant de partir ne me pardonnerez-vous pas?

— Oui, oui, je te pardonne, Marcelle, ma sœur chérie!...

Et, entraîné par sa nature généreuse, il prit la tête de la jeune fille dans ses mains et la baisa au front. Puis il s'élança hors de la chambre. Marcelle tomba à genoux, joignit les mains et pria.

Le soir, Jules Thiéry quitta Doncourt.

Huit jours après, le bruit courut dans le village que Marcelle avait disparu de la maison de son père, et qu'on ignorait où elle était allée. Madame Moriset ne sortait plus de chez elle. La mère Thiéry était la seule personne qu'elle reçût. Les deux femmes pleuraient ensemble.

Le père Moriset avait enlevé les grelots attachés au collier de ses chevaux, et, le matin, en traversant le village, il ne faisait plus claquer son fouet comme autrefois.

Pendant un mois, le coup qui venait de frapper les Moriset occupa tout le village; on expliquait la disparition de Marcelle de vingt manières différentes, et Dieu sait toutes les méchancetés qu'on trouva à dire sur son compte. — Elle est allée rejoindre le neveu du colonel, disait le plus grand nombre. La nouvelle de la mort d'Henri Charrel força les mauvaises langues à faire de nouvelles suppositions. Mais la fuite de la jeune fille resta inexpliquée pour ses parents comme pour tout le monde.

VI

C'était peu de jours après la bataille de Solferino. Un convoi de blessés entrait dans la ville de Milan. Nos braves soldats de l'armée d'Italie, dont le sang venait de couler pour la cause de l'indépendance, étaient accueillis avec joie et reconnaissance par la population milanaise. Dans les rues, les hommes se découvraient et saluaient respectueusement les chariots chargés de blessés. Aux fenêtres des maisons, des dames parées comme aux jours de fête, faisaient pleuvoir aux pieds de nos soldats des palmes et des bouquets. De toutes parts retentissaient des bravos enthousiastes. Français et Italiens semblaient ne former qu'un même peuple. Quelques soldats, enlevés par des bras robustes, étaient portés en triomphe. A la porte de l'hôpital, de nobles milanaises recevaient les blessés et veillaient à ce que rien ne leur manquât.

Au nombre de ces héros, officiers ou soldats, que le fer autrichien avait atteints, se trouvait Jules Thiéry, sergent-major dans un régiment des chasseurs de Vincennes. Une balle ennemie lui avait fracassé l'épaule. Par suite de cette blessure, une fièvre violente s'était emparée de lui. Pendant huit jours sa vie fut dangereusement menacée, mais grâce aux soins dont il fut l'objet, le chirurgien fit enfin espérer qu'il parviendrait à le sauver.

— Est-ce qu'il perdra son bras, monsieur? demanda d'une voix douce et tremblante, la jeune sœur de charité chargée de veiller sur le malade.

— Rassurez-vous, ma sœur; ce serait vraiment dommage d'envoyer un garçon comme celui-là aux Invalides.

La religieuse s'agenouilla et pria pour le blessé, la tête cachée dans les rideaux blancs du lit.

Le docteur ne s'était pas trompé; la fièvre quitta le jeune soldat dans la nuit suivante, et, avec le calme, la raison lui revint. Sa blessure, du reste, était déjà en pleine voie de guérison.

Jules Thiéry se souleva à demi sur son lit et aperçut la religieuse qui priait.

— Ma sœur, lui dit-il, j'ai bien soif.

La religieuse prit un verre dans lequel elle versa une tisane rafraîchissante, et la présenta au malade. Sa main devint tremblante lorsque celle du blessé toucha la sienne, en s'emparant du verre. Elle se retira un peu à l'écart, afin de cacher son émotion. Elle pleurait.

— Est-ce vous qui m'avez soigné depuis que je suis ici? demanda Jules.

— Oui, répondit-elle, d'une voix à peine distincte.

Cependant, le son de cette voix frappa le jeune homme.

Il écarta vivement les rideaux et regarda autour de lui avec étonnement.

— Pardon, ma sœur, dit-il, j'avais cru entendre une voix aimée; je me suis trompé.

La religieuse laissa échapper un sanglot.

— Vous pleurez, ma sœur, reprit Jules. Pourquoi ?

La religieuse garda le silence.

— Pardonnez-moi, dit Jules, je n'ai pas le droit de vous questionner.

Il laissa retomber sa tête sur l'oreiller et s'endormit.

Deux heures après, lorsqu'il s'éveilla, il vit la religieuse assise et écrivant sur la petite table chargée de médicaments à son usage. De temps en temps elle essuyait ses yeux mouillés de larmes, puis elle se remettait à écrire. Avant de s'éloigner de Jules Thiéry pour porter ailleurs ses soins et son dévouement, la sœur de charité avait voulu lui adresser un suprême adieu, et elle profitait de son sommeil pour lui écrire.

Jules, les yeux fixés sur cette main qui courait sur le papier, cherchait à ressaisir quelques souvenirs confus qui lui échappaient. Il croyait se rappeler que plusieurs fois, au milieu du délire de la fièvre, il avait entendu pleurer et sangloter la religieuse. Il lui semblait — était-ce un rêve ? — qu'une bouche s'était approchée de son front, et qu'il avait reconnu Marcelle.

La religieuse avait cessé d'écrire ; elle s'était mise à genoux.

— O mon Dieu ! dit-elle, ayez pitié de moi, car je l'aime, je l'aime !

En disant ces mots, elle avait tourné la tête du côté du blessé, et la lumière de la lampe éclairait en plein son visage.

— Marcelle! s'écria tout à coup Jules Thiéry.

La religieuse poussa un gémissement et cacha sa figure dans ses mains.

— Marcelle, Marcelle, dit Jules, je vous ai entendue. Ah! maintenant que vous m'aimez, pourquoi n'êtes-vous plus libre, pourquoi appartenez-vous à Dieu ?

En ce moment, une autre religieuse qui, elle aussi, avait entendu, s'approcha des deux jeunes gens.

— Marcelle est toujours libre, dit elle en s'adressant à Jules : Dieu n'a reçu ses vœux que pour une année et l'année est finie.

— Ma sœur, ma sœur, qu'avez-vous dit? s'écria la jeune fille.

Jules Thiéry poussa une exclamation de joie.

— Libre! dit-il.

Et s'emparant de la main de Marcelle, il la baisa avec transport.

En moins de quinze jours, Jules Thiéry fut complètement guéri. Le jour même où il sortit de l'hôpital, il reçut la croix d'honneur.

Un soir, deux mois environ après la paix conclue entre l'empereur des Français et l'empereur d'Autriche, le bonhomme Moriset, qui depuis un an avait laissé sa messagerie, se trouvant assez riche puisqu'il avait perdu son enfant, le père Moriset, disons-nous, était assis sous le noyer entre madame Thiéry et sa femme. Ils causaient de la guerre d'Italie, et la mère de Jules, qui n'avait reçu aucune nouvelle de son fils, ne cherchait point à cacher ses inquiétudes.

En ce moment, une voiture traversait rapidement la grande rue du village et venait s'arrêter devant la maison du père Moriset.

Quand les voyageurs mirent pied à terre, trois cris retentirent en même temps sous le noyer.

— Jules, Jules ! c'est mon fils ! exclama la mère Thiéry.

Le père Moriset avait déjà serré sa fille dans ses bras, et il l'apportait toute frissonnante dans ceux de sa femme.

— Ce brave garçon, c'est lui qui nous la ramène, dit le vieux messager, essuyant une grosse larme du revers de sa main.

— Je vous la prête seulement, répliqua le jeune soldat, mais vous me la rendrez dans un mois, devant M. le curé de Doncourt.

Un mois après, la cloche fêlée de la paroisse sonnait à grand bruit le mariage du brave sergent-major et de Marcelle la mignonne.

LA FILLE DU FERMIER

I

Ils étaient assis sur le bord d'un ruisseau, à l'ombre d'un vieux saule; leurs yeux semblaient suivre attentivement l'eau qui coulait à leurs pieds ; mais ils regardaient, sans les voir, les mouvements des joncs flexibles qui couvraient de rides la surface du courant ; ils n'entendaient point le murmure du flot qui s'en allait caressant les fleurs sur son passage. Devant eux s'élevait un coteau paré de vignes, riant sous sa triple couronne d'arbres à fruits. Plus bas, sur la rive droite du ruisseau, à travers une plantation de peupliers, on apercevait le clocher d'un village. De temps à autre, quelques bruits confus, le chant d'un coq ou le jappement d'un chien de garde arrivait jusqu'à eux sans qu'ils parussent l'entendre.

Tous deux étaient jeunes ; la même année les avait vus naître à quelques mois de distance.

Tous deux étaient beaux. Le premier avait la figure fière, peut-être un peu rude, de nos ancêtres les Gaulois ; ses yeux noirs, ses traits hardis et son teint bruni par le soleil donnaient à sa physionomie une expression de noblesse héroïque.

Les traits du second étaient réguliers et délicats ; l'ensemble de son visage offrait le curieux contraste de la douleur et de la résignation ; ses cheveux blonds s'alliaient délicieusement à son teint rose et frais.

Le plus âgé se nommait François et l'autre Prosper.

François était le fils unique du père Bertrand, un des plus riches fermiers du canton. Prosper Alain était orphelin ; son oncle Bertrand l'avait adopté au berceau et en avait fait le frère de son fils.

Les deux cousins, élevés ensemble sous les yeux du fermier, s'habituèrent à se donner le nom de frère, et ils vécurent comme s'ils l'étaient, en effet ; la différence de leur nature et de leur caractère augmenta encore leur amitié.

Jusqu'à l'époque où commence ce récit, ils n'avaient jamais eu de secrets l'un pour l'autre ; ils avaient constamment mis en commun leurs joies et leurs chagrins ; travaillant ensemble, dormant dans le même lit, partageant les mêmes jeux, ils ne s'étaient jamais quittés un seul instant. Et maintenant, assis l'un près de l'autre sous le vieux saule, la même pensée les occupe encore sans qu'ils s'en doutent.

C'était un dimanche. Une troupe de jeunes filles en habits de fête venait de sortir du village et s'avançait dans la prairie en formant des rondes et des danses. Plusieurs jeunes gens suivaient les jeunes filles, désirant se mêler à leurs jeux ; celles-ci n'avaient pas l'air de s'en apercevoir.

Leurs cris joyeux arrivèrent aux oreilles des deux cousins, et comme s'ils eussent ressenti une commotion électrique, ils tressaillirent et se levèrent brusquement. Les jeunes filles étaient tout près d'eux, mais ils n'en virent qu'une seule, la plus belle d'entre elles, Clarisse, la fille du fermier Richard.

— Bonjour, monsieur François ; bonjour, monsieur Prosper, crièrent ensemble les jeunes filles.

— Si vous voulez nous le permettre, dit François en s'avançant vers elles, nous partagerons vos jeux.

— Avec plaisir, répondit Clarisse. Venez.

Et elle tendit ses mains aux deux cousins.

— Et nous ? dirent les autres gens en s'approchant.

— Et vous aussi.

Alors, jeunes filles et jeunes garçons dansèrent en chantant ces joyeux refrains champêtres devenus si vieux, mais que rajeunissent les voix harmonieuse des jeunes filles.

Depuis longtemps le soleil était descendu derrière les monts ; la nuit approchait ; la campagne devenait silencieuse ; on n'entendait plus que le grillon caché dans l'herbe, et dans le lointain, le chant d'un gai villageois. Les saules au bord du ruisseau ressemblaient à une rangée de fantômes. Les jeunes gens, conduisant chacun une jeune fille, revinrent au village. François donnait le bras à la belle Clarisse. Tout à coup il s'arrêta.

— Prosper ! où est donc Prosper ? s'écria-t-il en ne le voyant pas. Et son regard cherchait autour de lui.

Prosper n'était plus là.

Il rentra au village très agité et hésita longtemps avant de retourner chez son père sans avoir retrouvé son cousin : c'était la première fois qu'ils sortaient sans rentrer ensemble.

Bertrand, entouré de ses domestiques, attendait avec impatience le retour de ses enfants. Les couverts étaient mis pour le repas du soir, et l'heure à laquelle on avait l'habitude de se mettre à table était passée.

— Enfin, les voici, dit le père Bertrand en se levant au bruit que fit la lourde porte d'entrée qui s'ouvrait.

François rentra seul.

— Où as-tu laissé Prosper ? demanda Bertrand à son fils.

— Prosper ! n'est-il donc pas rentré ?

— Nous ne l'avons pas vu.

— Oh ! mon Dieu ! que peut-il lui être arrivé ?

— Comment n'est-il pas avec toi ?

— Nous revenions à Auberive, lorsqu'il m'a quitté à la hauteur du pré des Noues. Je pensais qu'il avait pris l'avance pour venir vous tranquilliser sur notre retard.

— Non. Il faut que quelqu'un l'ait retenu.

— Permettez-moi, mon père, d'aller le chercher.

— C'est inutile. Il connaît l'heure du souper, tant pis pour lui : nous ne l'attendrons pas. A table !... cria le fermier en prenant une cuiller d'étain, avec laquelle il frappa un coup sec sur son gobelet d'argent.

François s'était mis à table comme les autres; mais son cœur se serra en pensant à son cousin.

— Eh bien! François, tu ne manges pas? lui dit son père.

— Je n'ai pas faim.

— Ah! fit Bertrand étonné, ce n'est pourtant pas ton habitude.

— Je suis fatigué et je vais attendre Prosper dans notre chambre.

— Comme tu voudras, mon garçon. Va, tu déjeuneras mieux demain matin.

François prit une lumière et monta dans sa chambre.

Il s'assit sur le bord du lit, et son imagination, frappée de terreur, lui représenta Prosper, seul dans la campagne, malade peut-être, peut-être blessé, l'appelant à grands cris et se plaignant de ce qu'il ne venait pas à son secours. Puis, passant à une autre idée :

— Il a été triste toute la soirée, se disait-il; lui aurais-je causé quelque chagrin sans le vouloir? Il a le cœur si sensible... Oui, c'est certain, je lui ai fait de la peine. Deux grosses larmes roulaient dans ses yeux. — Prosper, mon ami, mon frère, reprenait-il tout haut, tu me pardonneras

Tout à coup sa figure s'éclaircit; il lui sembla que de gracieux visages de jeunes filles s'animaient sous ses yeux, des voix douces chantaient à son oreille des rondes joyeuses. Clarisse lui souriait. Sa main pressait la petite main fine et blanche de la jeune fille ; il se rappela un baiser qu'elle lui avait donné sur le front pour racheter un gage ; alors il éprouva un plaisir indicible ; le sang lui monta à la tête et lui brûla les tempes ; ses yeux se fermèrent ; il se laissa tomber sur son lit et s'endormit le sourire sur les lèvres.

Au même moment, sur un petit monticule au flanc du coteau, Prosper était assis. Le village d'Auberive s'étendait à ses pieds ; il l'embrassait d'un seul regard. Les dernières lumières venaient de s'éteindre ; aucun bruit ne révélait plus l'existence de ce village caché dans les arbres ; seuls, les rayons de la lune le trahissaient en glissant sur les feuilles de zinc qui recouvrent la charpente du vieux clocher.

Prosper était triste ; quelques soupirs étouffés sortaient difficilement de sa poitrine ; son chapeau était à quelques pas de lui, et le vent de la nuit se jouait sur son cou avec ses cheveux épars.

Un instant avait suffi pour l'éclairer sur ses sentiments ; il avait lu jusqu'au fond de son cœur, où le germe d'une jalousie horrible croissait à son insu. Il n'en doutait plus, François aimait Clarisse ; il avait deviné son amour, habitué qu'il était à surprendre la pensée de son cousin. Lui aussi, le malheureux, il l'aimait ; le bonheur de sa vie était à jamais attaché à celui de la jeune fille.

Le baiser donné à François avait déchiré son cœur.

Il n'avait pas eu la force de revenir au village en voyant Clarisse et François marcher l'un près de l'autre. La douleur l'accablait ; il voulut fuir cette vue pénible pour lui : il aurait voulu se fuir lui-même.

Lorsqu'il fut seul dans les champs, il se laissa aller au désespoir, et des larmes brûlantes inondèrent son visage. Des idées bizarres, des projets insensés passèrent dans son cerveau malade. Il voulait se déclarer ouvertement le rival de son cousin, se faire aimer de Clarisse, l'enlever à son père, l'enlever à François et se sauver avec elle au bout du monde.

Il eut un instant la pensée de mettre fin à ses jours.

Mais la vie est si belle à vingt ans ! Peut-on songer longtemps et sérieusement à la quitter ?

Il voulait partir, quitter Auberive sans revoir son oncle, ni François, ni personne, pour aller vivre dans un autre coin de la France. On me regrettera, on fera des recherches pour me trouver, pensait-il, et il s'arrêtait complaisamment à cette pensée qui flattait son amour-propre.

Peu à peu son agitation se calma ; il eut honte de ses folles pensées et se les reprocha comme des crimes. Un instant, il eut peur que son affection pour son cousin ne fût moins grande que son amour.

Il fit un retour sur lui-même en se retraçant les premières années de sa vie. N'avait-il pas été adopté, lui, pauvre et sans famille, par son oncle Bertrand ? N'était-il pas devenu le frère de François ? Pouvait-il donc méconnaître les bontés de son oncle et trahir l'amitié que lui avait généreusement donnée son cousin ?

Un frisson de terreur courut le long de son corps et glaça son front couvert de sueur. Il s'avoua coupable.

Alors les sentiments généreux, un instant étouffés, reprirent le dessus et chassèrent les pensées mauvaises. Il redevint ce qu'il était réellement, une âme élevée. — Il aime Clarisse, se dit-il, il est digne d'elle ; lui seul mérite son choix et peut la rendre heureuse. Elle est riche, lui aussi, et moi je n'ai rien que ce que l'on veut bien faire pour moi. N'y pensons plus ; je saurai me résigner et renfermer en moi ce secret que je voudrais ignorer. — Clarisse !... Oui, je l'aimerai toujours ; elle sera dans mon cœur à côté de François, je m'habituerai à la regarder comme sa femme, comme ma sœur, et l'amitié trompera l'amour.

Cette résolution prise, il se sentit fort contre lui-même ; il regarda autour de lui avec l'orgueil qui naît du contentement de soi-même.

Le jour commençait à paraître ; il se leva, ramassa son chapeau et descendit le coteau pour rentrer au village.

II

Tout le monde était levé à la ferme. Bertrand donnait ses ordres pour les travaux de la journée. François, interrogeait les domestiques pour savoir si l'un d'eux pourrait lui donner des nouvelles de son cousin. Aucun ne l'avait vu.

En moins d'un quart d'heure, tout le monde,

excepté François, avait quitté la ferme ; chacun allait à son travail. Le vieux Bertrand, toujours infatigable, devait, ce jour-là, diriger les travaux au dehors.

François reprenait sérieusement toutes ses inquiétudes de la veille, lorsque Prosper parut. Il jeta un cri de joie en se précipitant à sa rencontre.

— Enfin, te voilà, lui dit-il ; pourquoi n'es-tu pas rentré hier soir ?

— La soirée était belle, répondit Prosper en rougissant légèrement ; j'ai voulu rêver un peu, et je me suis endormi dans l'herbe.

— Ce n'est pas bien, vois-tu, mon frère ; j'ai été troublé toute la nuit ; je craignais que tu ne fusses malade.

— C'est vrai, j'ai eu tort ; mais cela ne m'arrivera plus.

Les deux cousins s'embrassèrent et se mirent à leur besogne.

Le soir, ils allèrent s'asseoir, suivant leur habitude, sur un banc de bois, au fond du jardin. Comme la veille au bord du ruisseau, ils pensaient à Clarisse.

François élevait sans peine l'édifice de son bonheur ; il ne voyait aucun obstacle se placer entre lui et la jeune fille. Prosper était soucieux : une lutte terrible s'engageait entre son cœur et sa raison ; il voulait éloigner sa pensée de Clarisse, mais sans y parvenir ; la charmante jeune fille était tout en lui.

— A quoi penses-tu ? demanda tout à coup François.

10

— Je pense à toi, répondit Prosper.

— A moi ?

— Oui, et toi tu penses à...

Il n'eut pas la force de prononcer le dernier mot.

— A Clarisse, ajouta vivement François. Tu m'as donc deviné ?

— Oui. Tu l'aimes bien, n'est-ce pas ?

— Oh ! oui, je l'aime. Hier soir, comme elle était belle !

— J'ai bien vu que tu l'admirais.

— Et tu as compris que je l'aimais ?

— Oui, et je me suis dit : Si un autre aimait Clarisse, il serait bien malheureux, car elle est riche, et il n'y a que François qui soit aussi riche qu'elle.

— Cela pourrait être une raison pour son père, mais pour elle, si elle ne m'aime pas...

— Si elle ne t'aime pas ? Elle ne t'a donc pas dit qu'elle t'aimait ? s'écria Prosper.

— Nous ne nous sommes pas encore parlé, répondit François.

— Elle t'aimera, elle doit t'aimer, reprit Prosper.

— Je n'ai pas cette espérance.

— Hier, n'est-ce pas toi qu'elle a embrassé ?

— Oui.

— Eh bien ! c'est une preuve.

— Tu as raison, Clarisse sera ma femme, dit François.

En ce moment, on entendit la voix du fermier qui les rappelait.

Le lendemain, François fut d'une gaieté folle;

les paroles de son cousin lui avaient fait entrevoir la possibilité d'être aimé de Clarisse, et il prit la résolution de parler à son père, qui, se trouvant fréquemment avec le fermier Richard, pourrait aisément obtenir le consentement de ce dernier.

Chaque fois qu'il se trouvait seul avec son cousin, il lui parlait de son amour, sans s'apercevoir qu'il le faisait souffrir, et que chacune de ses joies était une blessure nouvelle au cœur du malheureux.

Bientôt, Prosper devint triste et rêveur, on le surprenait parfois comme plongé dans de sombres pensées. Si on lui demandait le sujet de sa tristesse, il répondait vaguement. Souvent, travaillant près de François, de grosses larmes s'échappaient de ses yeux; alors il se cachait pour les essuyer. Mais lorsqu'il se trouvait seul un instant, il les laissait couler, car elles le soulageaient. Le dimanche, on ne le voyait plus, comme autrefois, avec les jeunes gens du village. Ceux-ci disaient à François:

— Où donc est Prosper? Pourquoi n'est-il pas avec nous?

François, embarrassé, ne savait que répondre. Pendant ce temps, Prosper errait dans les champs; seul, il se trouvait moins malheureux: l'amour sans espoir aime la solitude.

Couché sous un arbre, au fond d'un bois, il pensait à Clarisse, il lui parlait. Il écoutait le chant des oiseaux, le bruit du vent dans les feuilles, et son âme s'entretenait avec eux. Il croyait les entendre gémir et soupirer, et lui gémissait et soupirait pour leur répondre. Il avait cru pouvoir vaincre son amour, et tous ses efforts n'avaient servi qu'à le rendre plus vif et plus profond.

Prosper était aimé dans le village; les mères de famille surtout, autrefois les compagnes de sa mère, s'étaient prises d'affection pour le jeune orphelin. On s'étonna donc beaucoup lorsqu'on ne le vit plus, les jours de fête, sourire à tout le monde. Chacun expliquait à sa manière le chagrin du jeune homme.

— Vous croirez ce que vous voudrez, voisines, disait une commère mais ce pauvre Prosper me fait de la peine. On l'a rencontré dans les champs; il s'arrêtait tout court, il gesticulait et semblait parler aux arbres.

— Sainte Vierge! ce pauvre garçon serait-il devenu fou?

— Je l'ai entendu dire; il faut bien croire que cela est. Pauvre Prosper!... Quel malheur!...

— Allons donc! il est fou comme vous et moi, dit une vieille paysanne en essuyant les verres de ses lunettes; un garçon qui est plein d'esprit, la meilleure tête du village.

— Un instant, mère Durand, dit une autre femme dont le fils venait d'entrer au grand séminaire, la meilleure tête du village, comme vous y allez.

— Je le soutiens, soit dit sans offenser ni vous, ni votre fils qui se fait abbé.

La mère du séminariste se mordit les lèvres de dépit.

— Mais, enfin, mère Durand, s'il n'est pas fou, dites-nous ce qu'il a.

— Mes enfants, dit sentencieusement la bonne femme, Dieu seul le sait.

— Je crois, dit la première paysanne, qu'il n'est pas heureux chez son oncle Bertrand.

— Bertrand l'aime comme son fils, reprit la mère Durand.

— Alors, je n'y comprends plus rien. Pourquoi est-il si triste? pourquoi court-il les champs quand les autres jeunes gens s'amusent?

— Dieu seul le sait, répéta une seconde fois la mère Durand.

— Je crois tout bonnement qu'il est amoureux, dit alors une grosse paysanne qui n'avait pas encore pris part à la conversation.

— Amoureux! par exemple, mais il n'y a pas de quoi mourir de chagrin.

— Non, en vérité, si ce n'est que ça...

— Il est joli garçon, dit une jeune veuve.

— C'est un jeune homme très rangé, ajouta la maman de trois filles à marier.

— Il ne fréquente pas les cabarets, reprit la femme d'un ivrogne.

— Il va à la messe tous les dimanches et fêtes, s'empressa d'ajouter une jeune dévote.

Tous ces propos, exagérés, défigurés et répétés chaque jour, ne tardèrent pas à arriver aux oreilles de François. Il voulut en parler à Prosper; mais il craignait de lui faire de la peine, la force lui manqua.

On était arrivé à la veille des vendanges. Un dimanche, après les vêpres, toute la jeunesse d'Auberive se trouvait réunie dans un pré, à quelques minutes du village. Un bal champêtre y avait été improvisé. Les mères faisaient cercle autour des danseurs, et les pères, assis à des tables apportées sur les lieux à l'occasion de la fête des vendanges, vidaient joyeusement quelques bouteilles de la dernière récolte en jouant aux cartes.

Prosper avait cédé aux instances de François ; il était venu avec lui. Il se tenait debout à quelque distance de la place occupée par les danseurs; François dansait avec Clarisse; ses yeux suivaient tous les mouvements de la jeune fille.

— Comme elle est heureuse! pensait-il; si elle savait ce que j'ai déjà souffert et ce que je souffrirai encore pour elle! Mais non, elle l'ignorera toujours.

En ce moment, son regard rencontra celui de Clarisse. Elle le regardait avec tant de douceur qu'il en fut profondément ému. Un nuage passa devant ses yeux; son cœur battait avec violence; il sentit ses jambes fléchir sous lui et il s'appuya contre un arbre pour ne pas tomber. Clarisse le vit pâlir et chanceler; elle fut sur le point de s'élancer vers lui pour le soutenir.

Le quadrille achevé, elle quitta brusquement François et se dirigea vers Prosper. En la voyant s'approcher, le jeune homme ne put contenir son émotion : il sentait le bonheur lui revenir.

— Vous souffrez? lui dit Clarisse en lui prenant la main : pourquoi ne cherchez-vous pas à vous distraire un peu?

Prosper la contemplait avec ivresse.

— Autrefois, vous me faisiez toujours danser,

continua Clarisse; ne le voulez-vous pas aujourd'hui?

— Oui, je le veux! je le veux! s'écria-t-il, perdant tout à fait la tête.

Et il prit place au quadrille avec la jeune fille.

Les couleurs revinrent sur ses joues amaigries, ses traits s'animèrent, un éclair de joie illumina son front et le sourire reparut sur ses lèvres. Il avait oublié son cousin; il ne voyait plus que Clarisse, Clarisse qui lui souriait. Le quadrille terminé, il ramena Clarisse à sa place.

— Je vous remercie, monsieur Prosper, lui dit-elle; je suis bien heureuse que vous ayez voulu danser avec moi.

— Si c'est un bonheur, il est tout pour moi, reprit Prosper, et comme je désire le renouveler, m'accorderez-vous encore une contredanse?

— Avec plaisir, répondit Clarisse, en rougissant.

Prosper s'éloigna; il avait besoin de se trouver seul pendant quelques instants.

Il marcha absorbé dans ses pensées; une nouvelle existence commençait pour lui : Clarisse lui avait souri, mais d'un sourire qu'elle n'avait jamais eu pour personne, pas même pour François; il avait cru voir dans dans ses yeux autre chose qu'un simple intérêt.

— Me serais-je trompé? se disait-il. Et il appuyait sa main sur son front, comme pour arrêter sa pensée fugitive et démêler ce qu'il y avait de vrai dans les sentiments que la jeune fille venait de lui témoigner.

Il s'arrêta. Quelques arbres le séparaient de la

dernière des tables occupées par les buveurs. Deux paysans y causaient assis en face l'un de l'autre : c'étaient le père Bertrand et le fermier Richard.

— Vous aurez cette année un bon tiers de récolte en plus que l'année dernière, voisin Bertrand, disait le fermier Richard.

— C'est bien possible, répondit Bertrand en souriant d'un air fin.

— Cela est certain, car vous avez quatre bons arpents de vigne en plus et l'année est meilleure.

— J'en aurai besoin, voisin Richard ; voici la conscription, et j'ai deux garçons à faire remplacer si le sort leur est contraire.

— Vous êtes plus heureux que moi, Bertrand.

— Comment l'entendez-vous, voisin Richard?

— Vous avez un fils pour vous aider dans vos travaux.

— Mais vous avez une fille, voisin.

— Ce n'est pas elle qui peut me remplacer.

— Mariez-la, vous aurez un fils.

— Je ne demande pas mieux, mais...

— Après vous, Richard, je suis, sans vanité, le plus riche fermier du canton ; ne croyez-vous pas que François serait un bon parti pour votre fille?

— Franchement, j'y ai déjà pensé.

— Eh bien ! je vais vous apprendre une nouvelle : c'est que nos enfants ne se déplaisent pas ; François m'en a dit deux mots, et je crois que nous ferions bien de les marier.

En entendant ces paroles, Prosper pâlit.

— Touchez là, dit Richard en tendant sa main à Bertrand, c'est chose convenue.

Les deux fermiers se donnèrent une chaude poignée de mains. Richard versa le contenu d'une bouteille dans les deux verres.

— Au mariage de nos enfants! dit-il en élevant son verre.

— Au mariage de nos enfants! répéta Bertrand.

Et les deux verres se choquèrent.

Prosper n'eut pas la force d'en écouter davantage; il s'éloigna en chancelant, comme un homme ivre; il lui semblait que la terre tournait autour de lui et que les arbres, déracinés, allaient tomber sur sa tête et l'écraser. Les éclats de voix, les cris joyeux de la foule frappaient ses oreilles comme des bruits étranges. Il s'enfuit pour ne plus les entendre.

Sa dernière illusion, illusion d'un moment, après lui avoir montré le ciel entr'ouvert, venait d'être détruite et de le rejeter dans la réalité, peut-être plus malheureux qu'auparavant.

— C'en est fait! s'écria-t-il, elle est perdue pour moi : elle sera la femme de François, et moi je quitterai Auberive.

III

Plusieurs mois se sont écoulés depuis la fête des vendanges. Les deux cousins ont tiré au sort. Prosper avait vu arriver ce jour avec plaisir; sa seule pensée était de s'éloigner de Clarisse; être atteint par la loi du recrutement lui semblait un véritable bonheur. Mais, contre son attente, il amena un des derniers numéros.

On était aux premiers jours de mai; le conseil de révison venait de prendre son contingent d'hommes dans le canton; François, moins heureux que son cousin, en faisait partie.

— Je partirai à sa place, se dit Prosper.

Il alla trouver son oncle et lui communiqua son intention.

— Quoi! tu veux partir pour François, tu veux nous quitter? s'écria le fermier. Tu ne te plais donc pas avec nous? Je t'ai cependant aimé comme mon fils.

— C'est vrai, mon oncle; aussi je n'oublierai jamais le bien que vous m'avez fait. Vous m'avez servi de père, mon oncle, et je veux avoir toujours le droit de vous donner ce nom.

— Alors, pourquoi veux-tu me quitter? dit le fermier en essuyant une larme.

— Le métier de soldat me plaît, mon oncle.

— Es-tu bien sûr de ne pas te repentir de ce que tu vas faire?

— J'en suis sûr; du reste, je reviendrai; ce n'est qu'une séparation de quelques années.

— C'est sept ans, Prosper, et cela compte dans la vie d'un homme,

— Je les aurai employés à satisfaire un désir que j'ai depuis longtemps : celui de voyager.

— Tu veux être soldat, mon garçon, cela me fait de la peine; mais puisque tu y tiens, je ne contrarierai pas tes idées. Pars donc pour François. Quand tu seras loin de nous, souviens-toi du bonhomme Bertrand; tu auras toujours un abri sous son toit et une place dans son cœur.

Prosper embrassa son oncle avec effusion. Le fermier pleurait.

— Je ne te propose pas le prix du remplacement de François, dit-il, ce serait t'offenser; mais j'aurai soin de garnir ta bourse avant ton départ, et chaque fois que tu auras besoin d'argent, ne crains pas de m'en demander, j'en aurai toujours pour toi.

Quelques jours après, les formalités exigées pour le remplacement étaient remplies. Prosper, ayant déclaré vouloir partir immédiatement, reçut l'ordre d'aller rejoindre son régiment, qui était alors en garnison dans une ville du Midi.

Lorsqu'on apprit à Auberive le départ prochain de Prosper, l'étonnement fut général : les uns accusaient Bertrand d'avoir voulu se débarrasser de son neveu, mais c'était le petit nombre. Les autres commentaient de mille manières cet événement, qui resta inexplicable.

Cependant, Prosper allait quitter Auberive, et il ne voulait pas partir sans voir Clarisse encore une fois.

Le soleil couchant incendiait la cime des grands arbres, et les oiseaux chantaient leur chanson du soir dans les feuilles.

Prosper errait depuis une heure autour du jardin du fermier Richard sans avoir aperçu Clarisse. Il s'en retournait découragé, lorsqu'à travers une haie d'aubépine en fleur il vit la jeune fille, qui s'avançait lentement sous les arbres du jardin.

Une nuance de tristesse répandue sur son visage en altérait la fraîcheur ; ses yeux avaient perdu leur vivacité habituelle, tout en conservant l'expression indéfinissable qui faisait bondir le cœur de Prosper; ses cheveux agités par le vent ondulaient sur son cou. Elle était rêveuse, et tout en passant sous les arbres, elle leur arrachait des fleurs, qu'elle roulait dans ses mains et qu'elle jetait ensuite à ses pieds.

Prosper ne pouvait se lasser de l'admirer, et, malgré sa timidité, sans la haie qui défendait l'entrée du jardin, il se serait élancé vers elle pour tomber à ses genoux.

Clarisse n'était plus qu'à une faible distance de lui. Il craignait d'être vu, et il allait se retirer, lorsque la jeune fille tourna les yeux de son côté.

— Prosper, c'est vous, dit-elle en s'approchant de la haie.

Prosper rougit. Un tremblement nerveux s'empara de lui.

— Je pars demain, mademoiselle, et je... je venais...

— Vous partez demain, je le sais; vous quittez ceux qui vous aiment... votre oncle, votre cousin.

— Il le faut.

— Il le faut. Pourquoi?

— Pour que je ne sois pas tout à fait malheureux.

— Ah! monsieur Prosper, j'ai bien peur que vous ne soyez ingrat.

— Ingrat! si vous saviez... mais non.

— Que voulez-vous dire?

— Puisque vous vous mariez avec François...

— Me marier avec votre cousin, jamais!

— Je croyais que vous l'aimiez.

— Ah ! monsieur Prosper ! dit Clarisse avec un accent de reproche.

— Je m'étais donc trompé ! Mais lui, François, il vous aime, il me l'a dit.

— Il me l'a dit aussi.

— Ah ! Clarisse, vous ne savez pas tout. Oui, j'ai cru que vous aimiez François. Maintenant, comprenez-vous pourquoi j'ai tant souffert ?

— Non, répondit Clarisse.

— C'est juste, vous ne pouvez pas le comprendre. Eh bien ! c'est que...

Ici sa voix s'affaiblit et devint craintive.

— C'est que je vous aime aussi.

— Vous m'aimez ! s'écria Clarisse avec un son de voix qui disait assez la joie qu'elle éprouvait.

— Je vous aime, continua Prosper, qui ne comprit pas ce qu'il y avait d'heureux pour lui dans l'exclamation de la jeune fille, je vous aime, et j'ai assez souffert pour oser vous le dire ; ce sera un adoucissement à mes maux. Oh ! aimer sans espoir, c'est affreux ! Combien de fois je me suis reproché de vous aimer ! J'ai voulu vous oublier, et chaque jour je m'apercevais que je pensais encore plus à vous que la veille. Alors, j'ai cherché à mettre une barrière entre vous et moi ; j'y ai réussi : demain je quitterai Auberive pour longtemps, pour toujours peut-être.

— Prosper, pourquoi ne m'avez-vous pas dit cela plus tôt ?

— C'était inutile. Cependant un jour, — mais j'étais insensé, — j'ai cru que vous m'aimiez.

— Vous l'avez cru ! s'écria Clarisse.

— C'était à la fête des vendanges. J'étais triste, vous êtes venue à moi, vous m'avez souri, et j'ai cru lire dans vos yeux...

— Que je vous aimais ?

— Oui.

— C'était la vérité.

— Est-ce possible, Clarisse, vous m'aimez ? Ah ! c'est trop de bonheur, quand je dois partir.

— Non, s'écria la jeune fille, non, ne partez pas !

— Il n'est plus temps, soupira-t-il.

Clarisse comprit sa douleur muette.

— Je vous attendrai, dit-elle.

— Merci, Clarisse, merci ; vous me rendez mon courage.

— Vous penserez à moi ? dit la jeune fille.

— Vous ne m'oublierez pas ? dit Prosper.

— Vous m'écrirez quelquefois ?

— Souvent.

Leurs corps se penchèrent sur la haie, leurs têtes se rapprochèrent, et la bouche de Prosper effleura le front de la jeune fille.

— Adieu ! dit Clarisse en jetant sur Prosper un regard humide.

— Adieu ! répondit le jeune homme.

Son adieu était un cri de douleur. La jeune fille s'éloigna en s'enfonçant sous les arbres du jardin.

Prosper rentra à la ferme ; François l'attendait. Les deux cousins causèrent longtemps.

— Frère, tu vas manquer à mon bonheur, avait dit François ; le jour de mon mariage, ma joie ne sera pas complète, parce que tu ne seras pas près de moi pour en prendre ta part.

Prosper n'avait rien répondu. Il n'eut pas non plus la force de briser le cœur de son cousin en lui disant qu'il était aimé de Clarisse. Mais les paroles de François l'avaient douloureusement frappé. Une fois encore il voulut sacrifier l'amour à l'amitié.

— C'est moi qu'elle préfère, se dit-il, mais je ne veux pas me servir des droits qu'elle m'a donnés ; je ne lui écrirai pas. Si elle m'oublie, elle l'épousera, et ils seront heureux ; si au contraire elle m'attend, François se sera marié avec une autre, et, à mon retour, je pourrai l'aimer et être heureux sans trouble.

Telles furent les pensées qui agitèrent Prosper pendant la dernière nuit qu'il passa à Auberive.

IV

Depuis le départ de Prosper, Clarisse ne sortait plus que rarement de la ferme. Pendant un mois, elle avait été triste ; elle pleurait souvent. Assise à sa fenêtre, elle regardait le ciel ; sa pensée traversait l'espace à la recherche de Prosper. Clarisse n'était plus la jeune fille rieuse et enjouée que nous avons vue danser dans la prairie ; l'amour avait développé en elle toutes les facultés de la femme.

Peu à peu, elle se sentit plus calme et put supporter l'absence de celui qu'elle aimait. Tous les matins, lorsque le facteur du village passait, son cœur battait violemment.

— Il m'apporte une lettre de lui, se disait-elle.

Mais le facteur s'éloignait et la lettre attendue n'arrivait point.

François la voyait souvent ; il aurait bien voulu l'entretenir de son amour, mais Clarisse trouvait toujours le moyen de parler d'autre chose. Prosper était le sujet ordinaire de leurs conversations. Un autre plus clairvoyant aurait bien vite connu le secret de la jeune fille, mais il l'aimait trop pour s'apercevoir de la persistance avec laquelle Clarisse le ramenait sans cesse à parler de son cousin. Et puis, il lui paraissait si naturel qu'on pensât à Prosper, il était si heureux de pouvoir causer de lui avec Clarisse ! Cependant, un jour il pria son père de rappeler au fermier Richard la promesse qu'il lui avait faite.

— Je verrai Richard demain, lui dit Bertrand, et nous arrangerons ce mariage qu'il désire autant que moi.

Depuis quelque temps on parlait vaguement à Auberive du mariage probable de François avec la fille du fermier; mais lorsqu'on vit Bertrand avec sa veste des dimanches et sa casquette neuve entrer un soir chez Richard, ce fut une preuve concluante pour tout le monde, et, une heure après, la visite du fermier Bertrand au fermier Richard occupait tout le village.

Richard se promenait au jardin avec Clarisse, lorsqu'on vint l'avertir que Bertrand l'attendait.

— Je vais revenir, dit-il à sa fille en la quittant. Je me doute de ce qui amène Bertrand chez moi, et je ne veux pas le faire attendre.

— M. Bertrand chez mon père! lui qui n'y vient jamais; qu'est-ce que cela signifie ? se dit Clarisse en s'asseyant sur l'herbe au pied d'un arbre. Il a peut-être reçu des nouvelles de Prosper,et il vient... Non, ce n'est pas cela. Ah! mon Dieu! s'écria-t-elle en pâlissant, je devine, je comprends, c'est pour...

Elle n'acheva pas. Ses yeux devinrent fixes, et elle laissa tomber sa tête contre l'arbre. Elle resta ainsi sans mouvement pendant une demi-heure. La fraîcheur du soir la ranima un peu ; elle parvint à se lever et se mit à marcher sous les arbres sans rien voir, sans rien entendre. Elle s'arrêta au fond du jardin contre la haie d'aubépine. Hélas! les fleurs s'étaient effeuillées. Prosper était parti.

Elle se mit à pleurer. En ce moment, son père l'appela.

— Déjà! dit-elle.

Elle rentra à la ferme.

— Petite, mets-toi là, près de moi, dit le fermier en s'asseyant sur un siège de bois. J'ai une bonne nouvelle à t'annoncer, fillette, et à laquelle tu ne t'attends pas. Eh bien! tu ne dis rien?

— Je vous écoute, mon père.

— Tu sauras donc que je te marie.

— Me marier ?...

— Nous venons d'arranger ça, Bertrand et moi. Es-tu contente?

— Mais, mon père...

— C'est bien, tu aimes François, je le sais ; tout est pour le mieux.

— Ecoutez-moi.

— Tu veux me remercier, c'est inutile. Si j'accepte François pour gendre, c'est qu'il me convient.

— Mais, mon père, si je ne voulais pas me marier !

— Ta, ta, ta, tu le veux, c'est tout ce qu'il faut.

— Vous vous trompez, mon père.

— Comment, je me trompe ?

— Je ne veux pas encore me marier.

— Et pourquoi, s'il te plait ?

— Je suis trop jeune.

— Tu auras dix-huit ans vienne la Toussaint.

— Je n'aime pas François, mon père.

— Autre histoire. Depuis quand ne l'aimes-tu pas ?

— Je ne l'ai jamais aimé.

— Je n'en crois rien. Bertrand m'a dit le contraire ; et puis, quand tu ne l'aimerais pas, il te convient, cela suffit.

— Vous ne voulez pas que je sois malheureuse, mon père ?

— Je veux que tu sois la femme de François. Ecoute, ma fille : je me fais vieux, j'ai besoin de repos. François est un jeune homme laborieux, il aura un jour de belles et bonnes terres au soleil. Une fois ton mari, je le mets à la tête de ma ferme ; elle a besoin de deux bons bras et d'une jeune intelligence pour la conduire. Quant à moi, je le sens, je ne suis plus bon à rien ; je suis un vieux tronc à remplacer. Tu comprends maintenant tout l'intérêt que j'ai à me donner François pour gendre.

— Oui, je le comprends, dit Clarisse, qui craignait d'irriter son père.

Un seul moyen d'éviter ce mariage se présenta à

elle en ce moment : il fallait obtenir un délai. Pendant ce temps, elle pourrait peut-être trouver un autre empêchement. Elle reprit :

— Vous n'êtes plus jeune, mon père, cela est vrai ; mais, Dieu merci, vous pourrez encore travailler longtemps. Je ne suis pas disposée à me marier maintenant ; attendez jusqu'aux vendanges : d'ici là, j'aurai pris mon parti, et je me serai habituée à regarder François comme mon mari. Je pourrai peut-être l'aimer, ajouta-t-elle plus bas.

— C'est bien loin, les vendanges, reprit le fermier ; mais enfin, puisque tu le désires, et pour te prouver que je ne veux pas te contrarier, je t'accorde ce délai. Demain, j'en préviendrai Bertrand.

Clarisse se retira dans sa chambre. Elle ne pensa ni à François, ni à son mariage. N'avait-elle pas plusieurs mois devant elle ?

A partir de ce jour, au grand désespoir de François, Clarisse évita de se trouver seule avec lui. Elle attendait toujours des nouvelles de Prosper, qui n'écrivait pas. Trois mois se passèrent. L'époque fixée par elle pour son mariage approchait, et elle était moins que jamais disposée à épouser François.

Un matin, son père l'appela et lui dit :

— Clarisse, les vendanges sont faites. J'ai rencontré Bertrand hier : il est aussi impatient que moi. Penses-tu à ta promesse ? A quand le mariage ?

— Mon père, répondit Clarisse, pardonnez-moi, je ne suis pas encore décidée à me marier. Je vous prie d'attendre au printemps prochain.

— Au printemps prochain ! s'écria le fermier,

qu'est ce que cela veut dire? C'est trop abuser de notre patience. Tu épouseras François dans quinze jours.

Le fermier sortit en colère.

Il rentra deux heures après et retrouva sa fille assise où il l'avait laissée. Ses yeux étaient rouges. Il comprit qu'elle avait pleuré.

— Tu m'as prié de retarder ton mariage jusqu'au printemps prochain, lui dit-il, c'est convenu : mais ce n'est pas moi qui t'accorde ce nouveau délai, c'est François qui l'a demandé pour toi.

Clarisse sut gré à François de ce qu'il avait fait pour elle et le remercia dans son cœur. Elle se remit à espérer.

Mais les jours s'égrenaient et tombaient l'un après l'autre dans le gouffre du passé. Aucune nouvelle de Prosper n'arrivait à Auberive. On apprit seulement vers la fin de janvier que son régiment avait été envoyé en Afrique.

— C'est fini, se dit Clarisse, il m'a oubliée, il ne m'aime plus!

François venait de temps à autre à la ferme. Un jour, Clarisse le reçut un peu mieux qu'à l'ordinaire. Cet accueil, tout nouveau pour lui, l'encouragea à parler de son amour. Clarisse l'écouta, ce qu'elle n'avait jamais fait. Dès lors, il vint passer chaque jour une heure ou deux près d'elle.

François ne déplaisait pas à Clarisse. Elle s'imagina donc qu'elle pourrait l'aimer. Dans cette pensée, elle vit arriver sans effroi les premiers jours du printemps.

Clarisse, comme beaucoup de jeunes filles naïves,

ignorait les causes mystérieuses des attractions de l'amour. Elle croyait que la sympathie, fortifiée de l'estime, devait s'accroître par un mutuel échange d'affection ; elle ne soupçonnait pas les mille épreuves de la vie commune, dans lesquelles se brisent les cœurs qui ne sont pas assez étroitement unis.

Vers le milieu du mois d'avril, à la grande satisfaction de son père, Clarisse devint la femme de François.

V

Bertrand, avec l'aide d'un garçon de ferme intelligent, pouvait encore conduire ses travaux pendant longtemps, François quitta son père pour se mettre à la tête de la ferme du fermier Richard, qui lui en céda la direction avec joie. Sa fille mariée selon ses vœux, il ne désirait plus qu'un bon fauteuil au coin du feu, sa bouteille près de lui et un ou deux marmots à faire sauter sur ses genoux.

François partageait son temps entre son travail aux champs et sa femme, qu'il aimait avec la passion d'un premier et unique amour.

Clarisse était bonne et prévenante pour lui. Il ne lui demandait pas autre chose. C'était là tout le bonheur qu'il avait rêvé.

Dans les premiers temps qui suivirent son mariage, Clarisse essaya franchement d'aimer son mari. Elle chercha à lui donner tout ce qu'il y avait d'affection libre dans son cœur.

Les soins qu'elle dut apporter dans l'arrangement du nouveau ménage, lui donnèrent pendant quelques jours une activité qui l'absorba complètement. Le souvenir de Prosper se présentait plus rarement à sa pensée, elle espéra qu'elle cesserait de l'aimer. Mais son amour avait été trop grand et trop bien maître de son cœur pour ne pas y vivre longtemps.

Insensiblement, un ennui invincible s'empara d'elle. Souvent elle se surprenait à rêver, et comme si on l'eût réveillée subitement, elle tressaillait. Elle aimait à revenir à ses belles années de jeune fille, alors qu'elle était libre et h ıreuse. Malgré l'amour que lui prodiguait son mari et l'affection dévouée dont il l'entourait, elle ne se trouva point satisfaite : tout semblait triste autour d'elle, quelque chose manquait à son cœur.

Elle pensa de nouveau à Prosper, et son amour, un instant comprimé, revint plus vif et plus violent. L'état de son cœur l'effraya. Elle voulut puiser dans l'amour de son mari la force qui lui manquait pour éloigner Prosper de son esprit. Elle chercha à l'entourer des qualités et des charmes extérieurs qu'elle admirait dans son cousin, et elle crut aimer un instant ce fantôme de l'illusion; mais le rêve dura peu. Alors, découragée, sans force et brisée par la lutte, elle se laissa dominer par son amour et regretta le bonheur qui lui avait échappé. Son visage s'altéra, ses fraîches couleurs disparurent, ses joues se creusèrent : tristes effets des tortures de l'âme.

François s'alarma sérieusement du changement

de sa femme, il employa tout ce que put lui suggérer son affection sans bornes pour chasser cette tristesse.

A chaque question qu'il lui adressait sur sa santé, Clarisse répondait invariablement :

— Je ne souffre pas.

Souvent François insistait.

— Pourquoi es-tu si triste? lui disait-il.

— Je n'en sais rien, répondait-elle.

Et c'était tout. Plus d'une fois il la surprit, essuyant furtivement une larme.

— Pourquoi pleures-tu? lui demanda-t-il un jour.

— Je ne pleure pas, répondit Clarisse.

Après cette réponse, il n'osa plus l'interroger.

— Elle a un secret pour moi, se dit-il.

Pour le découvrir, il chercha l'impossible. Il alla jusqu'à se demander s'il était aimé. Mais la conduite de Clarisse n'ayant pas changé à son égard, il aima mieux croire que douter.

VI

Un soir, on était au mois de juillet, l'air était imprégné du parfum des fleurs, les blés ondulaient dans la plaine et la cigale chantait dans les hautes herbes. Un jeune homme portant l'uniforme de sous-officier suivait le chemin de grande communication qui conduit à Auberive. C'était Prosper.

De temps à autre il s'arrêtait pour essuyer la sueur qui ruisselait sur son front.

Son œil interrogeait les lieux et les objets; en les

reconnaissant, il leur souriait comme à des amis que l'on revoit, comme on sourit à de gracieux souvenirs.

Tout à coup, il s'arrêta; sa main s'appuya sur son cœur pour en comprimer les battements. Il venait d'apercevoir le clocher et les toits des premières maisons d'Auberive. Mais les deux habitations principales fixèrent seules son attention : la ferme de son oncle Bertrand et la maison du fermier Richard. Au bout de quelques minutes, il continua à marcher, mais à travers champs, pour ne pas être rencontré par quelqu'un du village.

Prosper ne savait rien de ce qui s'était passé à Auberive depuis sept ans qu'il était absent. Il espérait retrouver Clarisse libre et l'attendant comme elle le lui avait promis. La pensée qu'elle avait pu épouser François lui vint cependant, mais il la repoussa comme impossible.

Bientôt il se trouva derrière la maison du fermier Richard. Il marchait derrière la haie du jardin, cherchant à se rappeler les dernières paroles de la jeune fille :

— Oui, c'est bien cela, se dit-il, j'étais sur le point de m'en aller lorsque je l'aperçus, qui s'avançait lentement sous les arbres. Elle était...

Au même instant, illusion ou réalité, il la vit distinctement. Comme la première fois, elle se dirigeait de son côté; comme la première fois aussi, elle était triste et rêveuse. Il crut d'abord que son imagination, frappée par le souvenir, abusait ses yeux. Mais c'était bien Clarisse. Il entendait le frôlement de sa robe sur l'herbe. Elle vint s'asseoir sur un banc de pierre, qui avait été placé sous un pommier depuis son départ, et il se souvint qu'à cette même place Clarisse lui avait dit adieu. Ses membres tremblèrent comme les feuilles d'automne prêtes à tomber, sa respiration fut un moment arrêtée et une sensation étrange lui serra les flancs. Il vit à quelques pas de lui une trouée dans la haie, il s'y élança, et avant que Clarisse ait eu le temps de le reconnaître, il était à ses genoux.

Pendant ce temps, un troisième personnage se glissait près d'eux dans un massif de noisetiers : c'était François. De loin il avait cru reconnaître Prosper ! il s'était dirigé vers lui et il allait lui adresser la parole, lorsque le militaire entra dans le jardin. En le voyant tomber aux genoux de sa femme, sa surprise fut telle que toutes ses facultés l'abandonnèrent un instant.

— Prosper ! s'écria Clarisse avec effroi, vous ici ?...

— Je suis libre, Clarisse, et je reviens pour vous aimer.

— Pour m'aimer ! Oh ! ne dites pas cela !

— Pourquoi Clarisse ? pourquoi ? Ne vous l'ai-je pas promis ?

— Il y a sept ans.

— Oui. Mais, comme il y a sept ans, je vous aime, Clarisse, nous nous aimons.

Prosper avait pris une des mains de la jeune femme et il la couvrait de baisers. Clarisse la retira vivement.

— Prosper, laissez-moi ! s'écria-t-elle. Relevez-vous ; si quelqu'un vous voyait !...

— Je voudrais que le monde entier fût présent pour lui dire que je vous aime.

— Mais vous ne savez donc rien ?

— Quoi ?

— Je... je suis mariée, répondit Clarisse d'une voix étouffée.

— Mariée ! s'écria Prosper en se levant brusquement. Mariée !...

Clarisse laissa tomber sa tête sur son sein. Pauvre fleur flétrie !

— Vous êtes la femme de François, continua Prosper, lorsqu'il fut revenu de sa stupeur ; il était digne de vous et il vous aimait, Clarisse. Je comprends que vous m'ayez oublié. Rendez-le heureux; donnez-lui tout le bonheur que j'avais espéré et qui n'était pas pour moi.

Clarisse ne répondit que par un soupir étouffé.

— Je n'ai pas le droit de me plaindre de vous, Clarisse, continua Prosper. C'est ma faute si je me suis trompé en croyant que vous aviez gardé le souvenir de vos paroles. Oui, c'est ma faute ; je ne vous ai pas écrit, vous avez dû croire que je ne vous aimais plus, et...

Sa voix se perdit dans un sanglot. Après quelques minutes de silence, il reprit :

— Je vais de nouveau quitter Auberive, mais cette fois c'est pour toujours. Mon retour n'est connu que de vous, car personne ne m'a vu. N'en dites rien, cela pourrait surprendre François, et son bonheur doit être pur. Adieu, Clarisse, ajouta-t-il, adieu ! Pensez quelquefois à l'exilé.

Clarisse fit un mouvement comme pour le retenir. Elle aurait pu lui dire, car elle le pensait : « Prosper, ne pars pas, reste près de moi, je t'aime ! » Mais elle ne prononça pas un mot. Elle retomba affaissée sur le banc, et les larmes qu'elle retenait depuis longtemps coulèrent en abondance.

François, du lieu où il s'était caché, avait tout entendu ; il venait enfin de découvrir le secret de la tristesse et des pleurs fréquents de sa femme ; découverte affreuse, qui lui enlevait pour toujours sa tranquillité.

Evidemment, Prosper aimait Clarisse depuis longtemps, son humeur sombre, à une époque déjà reculée, venait de là. S'il avait quitté volontairement Auberive, c'était donc pour lui abandonner Clarisse. Il se rappela quelques conversations dans lesquelles Prosper, faisant abnégation de lui-même, lui parlait de Clarisse en l'encourageant à l'aimer. Tous ces petits incidents qu'il n'avait jamais remarqués, il se les expliquait maintenant. Sa première pensée, en voyant Prosper s'éloigner dans les champs, fut de courir après lui et de le forcer à revenir. Mais que lui aurait-il dit ? Quels moyens pouvait-il employer pour le retenir ? Aucun, Il le laissa donc partir. Clarisse était rentrée à la ferme, il sortit du jardin et se mit à marcher sans but dans la campagne. Il fit plusieurs comparaisons entre lui et son cousin, et l'avantage resta toujours à Prosper, à Prosper qui s'était sacrifié tant de fois pour lui. Il est vrai qu'alors il ignorait son amour pour Clarisse ; mais, aujourd'hui, qu'il savait tout, devait-il accepter le dévouement de son cousin ? Clarisse et Prosper s'aimaient et tous deux souffraient par lui. Il avait fait le malheur de ces deux êtres qu'il chérissait et pour lesquels il aurait voulu mourir.

— Non, s'écria-t-il, je ne pourrai jamais supporter la pensée que Prosper vivra malheureux, loin d'Auberive, à cause de moi. Et Clarisse ? lorsque je la verrai pleurer, le regretter, penser à lui... Prosper, mon rival, lui, que j'appelais mon frère! Oh! il faut bien que ce soit lui, pour que je lui pardonne de l'aimer, pour ne pas la maudire. Cependant, elle est ma femme, continua-t-il, j'ai des droits à son amour ! Et c'est lui qu'elle aime !

Il sentait la jalousie lui déchirer les entrailles, et il courait comme un insensé à travers champs.

Puis, revenant à des pensées plus conformes à son caractère, il s'accusait lui-même.

— Pourquoi n'ai-je pas deviné qu'ils s'aimaient ? C'est moi qui ai forcé Clarisse à se marier. Je me jeté au milieu de leur bonheur, je les ai séparés ! Ah! malheureux ! j'ai brisé leur avenir !

Lorsque Prosper l'eut quittée, Clarisse, comme nous l'avons dit plus haut, rentra à la ferme. Elle avait été sur le point de se trahir, et elle s'applaudissait du courage qu'elle venait de montrer en laissant partir Prosper, sans lui avoir laissé deviner qu'elle ne l'avait point oublié et qu'elle l'aimait toujours. Mais sa force n'était que factice; si Prosper fût resté quelques instants de plus avec elle, peut-être n'eût-elle pas été maîtresse de son cœur. Pour se rendre forte contre son amour, elle résolut de tout avouer à son mari, de se jeter dans ses bras en lui disant : « Sauve-moi, protège-moi contre moi-même. Je veux t'aimer, t'aimer uniquement. »

Elle attendit François dans cette intention ; mais, contre son habitude, le jeune homme ne rentra pas dans la soirée.

Il était une heure du matin lorsqu'elle se coucha. Elle ne put s'endormir, et, au petit jour, elle entendit François qui donnait différents ordres à ses domestiques déjà tous levés.

Elle se leva aussi, s'habilla et descendit dans la cour. François n'y était plus. Elle ne le revit que dans la journée à l'heure du dîner, mais il lui parut souffrant, fatigué et préoccupé ; elle n'eut plus le courage de lui faire l'aveu préparé la veille.

Un mois se passa. François était tout à son travail ; il lui demandait des distractions qu'il ne trouvait pas. Il devenait rêveur et taciturne ; de sombres pensées semblaient s'être emparées de lui. Toujours bon et affectueux pour sa femme, il n'avait cependant plus les mêmes élans de cœur, les mêmes transports d'amour. Un matin, c'était dans les premiers jours de septembre, François se leva et embrassa Clarisse avec une tendresse qu'elle ne lui connaissait plus. La veille déjà il avait eu un retour de gaieté étrange, dont elle ne s'était pas bien rendu compte : son rire avait été amer et contraint.

François prit un fusil en disant qu'il allait chasser, et il partit. Lorsqu'il se trouva seul dans la campagne, sa figure s'assombrit. Tout en marchant d'un pas inégal, il jeta un regard sur son passé.

Trois figures passèrent devant lui : son père, Clarisse et Prosper ; ces trois êtres avaient rempli sa vie. Il se retraça sa jeunesse heureuse avec Prosper, jusqu'à l'époque où il aima Clarisse ; les premiers jours de bonheur goûtés près d'elle, ses angoisses, ses tourments en la voyant triste et malade, jusqu'au jour où il découvrit enfin le fatal secret de son amour pour Prosper.

Il marchait depuis deux heures sans s'être aperçu du chemin qu'il avait fait. Il se trouvait dans la prairie ; il reconnut l'endroit où, plusieurs années auparavant, Prosper et lui avaient rencontré, un dimanche soir, les jeunes filles d'Auberive. C'est là que Clarisse lui avait donné son premier baiser. Il s'arrêta, ce lieu plein de souvenirs lui plaisait.

— Allons, se dit-il, ici ou plus loin il le faut ; la vie sans le bonheur n'est rien. Ma mort au moins sera utile, elle délivrera Clarisse. Au lieu d'être trois à traîner une existence malheureuse, ils seront deux heureux.

Il chargea son fusil d'une demi-douzaine de chevrotines et jeta un regard rapide autour de lui. La campagne était déserte ; une corneille perchée sur un saule, devant lui, faisait entendre un criaillement funèbre. Il appuya son front sur le canon du fusil, et de son pied, il pressa la détente ; le coup partit et il tomba à la renverse, la tête horriblement fracassée. Dans la soirée, deux paysans trouvèrent le cadavre et reconnurent François.

La mort du jeune homme fut naturellement attribuée à un de ces terribles accidents qui arrivent trop fréquemment dans les chasses. Cependant

Prosper avait rejoint son régiment. Un jour, on vint lui dire que son capitaine le demandait. Il se rendit près de lui.

— Le colonel, lui dit l'officier, vient de me faire remettre ces papiers ; une lettre du maire d'Auberive d'abord, qui contient une fâcheuse nouvelle pour vous.

— O mon Dieu ! s'écria Prosper, quelle nouvelle? Qu'est-il arrivé ?

— Cette lettre à votre adresse vous l'apprendra, dit le capitaine en tendant un papier à Prosper.

Voici ce qu'il contenait.

« Mon cher Prosper,

» Je t'écris ces deux mots d'une main tremblante, pour t'apprendre le malheur affreux qui nous est arrivé. Ton cousin, mon pauvre François, s'est tué par un accident étant à la chasse. Je suis bien malheureux, mon cher Prosper ; maintenant il ne me reste plus que toi, tu es le dernier espoir de ma vieillesse. Je m'affaiblis tous les jours, et bientôt, je le sens, j'irai rejoindre mon pauvre fils. Mais je mourrai content si tu es près de moi pour me fermer les yeux. M. le maire d'Auberive écrit à ton colonel et le prie de pourvoir à ton remplacement.

» Aussitôt la présente reçue, reviens vite à Auberive, je t'attends.

» Ton oncle, Bertrand. »

Deux jours après, Prosper arrivait à Auberive.

Un an s'écoula. Prosper avait vu Clarisse plusieurs fois, mais ils ne s'étaient pas dit une parole rappelant le passé.

Un jour, le fermier Richard vint trouver le père Bertrand.

— Je viens vous faire une proposition, lui dit-il.

— Laquelle? demanda Bertrand.

— Nous devenons vieux, mon cher Bertrand; depuis la mort de François, vous êtes souvent malade et ma ferme va de mal en pis. Mais il y aurait un bon remède à tout cela.

— Voyons!

— Ce serait de réunir votre ferme à la mienne et de n'en faire qu'une seule.

— Et Clarisse? demanda Bertrand.

— Nous y voilà. Il faudrait que Prosper voulût la prendre pour femme.

— Oui, vous avez raison.

Prosper rentrait en ce moment. Bertrand lui fit part de la proposition du fermier Richard.

— Clarisse, répondit Prosper, a trop aimé mon cousin, sa mort est encore si récente que je ne saurais consentir à l'épouser, et je suis sûr qu'elle pense comme moi.

— Vous vous trompez, dit Richard, je lui en ai parlé, et elle m'a fait comprendre que ce mariage ne lui déplaisait pas.

— Serait-il vrai? s'écria Prosper.

— Je ne serais pas venu vous trouver sans cela, répondit Richard.

Prosper laissa les deux fermiers et courut trouver Clarisse.

— Je viens de voir votre père, lui dit-il. Est-il

vrai que vous consentiez à vous marier avec moi ?

— Oui, répondit-elle.

— Au moins, dites-moi que vous agissez librement.

— Pouvez-vous en douter, Prosper ? Ne vous ai-je pas toujours aimé ?

Un mois plus tard, les deux fermes étaient réunies sous la direction de Prosper. Clarisse et lui étaient mariés.

LES VIOLETTES BLANCHES

I

Il se tenait debout, immobile, sur la tête noire d'un rocher au flanc du coteau. Les mains croisées sur la poitrine, tête nue, ses cheveux tombant sur son cou, le front haut. le regard plongé dans l'immensité insondable, il ressemblait à une statue sur son piédestal.

Des paysans passaient près de lui et le regardaient d'un air moqueur. Il ne les voyait point.

C'était un tout jeune homme, à la moustache naissante ; son visage un peu pâle, mais aux traits accentués, énergiques, indiquait au moins vingt-cinq ans, — il n'en avait que vingt-deux. Dans sa physionomie animée il y avait une grande expression de noblesse et de fierté. De son œil profond, un peu rêveur, s'échappait un regard rapide, incisif, brillant, ayant quelque chose d'inspiré. Il suffisait de le voir pour deviner en lui une de ces natures exceptionnelles que la pensée ou le tempérament entraîne vers les hautes aspirations.

On était à la fin de juin ; le soleil descendait vers le couchant et allait toucher bientôt le sommet des hautes montagnes. Tout à coup, ses rayons pâlirent et il disparut derrière un épais nuage d'un gris sombre. Des masses de vapeurs noires, pourprées et jaunâtres, glissaient rapides dans le ciel en s'épaississant à l'horizon.

L'atmosphère était lourde et la campagne silencieuse. Aucune feuille ne tremblait dans les arbres; pas un souffle n'agitait les hautes herbes au-dessus desquelles s'élançaient les cigales et passaient les papillons au vol inquiet et indécis. A deux mètres du sol, des milliers d'insectes microscopiques se livraient à une danse désordonnée, fantastique.

Les bergers rassemblaient leurs troupeaux, et faucheurs et faneuses quittaient leur travail et se hâtaient de rentrer au hameau pour ne pas être surpris par l'orage.

Bientôt, une sorte de frémissement courut dans les arbres, les feuillages parurent chuchoter. Au but d'un instant, le vent souffla avec plus de force; en quelques minutes, il devint furieux.

Les noirs corbeaux regagnaient la forêt voisine, d'un vol pesant, en jetant dans l'air des criaillements plaintifs. Les fauvettes et les verdiers effarouchés se tapissaient au milieu des buissons.

Des trombes de poussière se soulevaient sur les routes et étaient emportées par le tourbillon, qui les lançait dans l'espace à une hauteur prodigieuse. Les peupliers, aux grands panaches verts, se ployaient à demi et se tordaient avec de sourds gémissements. Dans la forêt, le vent mugissait, faisant craquer les vieux chênes séculaires, et les branches se brisaient avec un bruit sinistre. La plaine, couverte de blés presque mûrs, ressemblait à une mer tourmentée soulevant des flots dorés;

les épis se courbaient jusqu'à terre, puis se redressaient pour s'incliner encore.

Soudain, l'éclair déchira la nuée et incendia le ciel ; la foudre éclata en grondements terribles.

La campagne était devenue déserte. Papillons, cigales et moucherons avaient disparu, balayés par un coup de vent. Seul, le jeune homme restait debout sur la roche. Il contemplait avec une sorte de ravissement l'horreur sublime du tableau que lui offrait la tempête.

A le voir ainsi, le front rayonnant, le regard illuminé, les lèvres frémissantes, enveloppé d'éclairs, calme sous le fracas du tonnerre, on l'eût pris pour un démon railleur ou un dieu mythologique s'égayant au spectacle d'une convulsion de la nature.

— Oh ! que c'est beau, que c'est beau ! s'écria-t-il avec exaltation. Voilà un des chefs-d'œuvre de Dieu, notre grand maître à tous.

De larges gouttes de pluie commençaient à tomber ; les éclairs continuaient à courir dans le ciel en zigzag, et les explosions de la foudre se su[illegible]daient sans intervalle. Le jeune homme s'élança du rocher sur la terre et descendit le coteau pour rentrer au village.

II

Il marchait lentement, les deux mains derrière le dos et la tête légèrement inclinée. De temps à autre il souriait ; il souriait à ses pensées, il souriait à son amb[illegible]n, à son rêve.

Lorsqu'il passa devant une des plus petites, mais des plus jolies maisons de Charville, les rideaux blancs d'une fenêtre s'écartèrent un peu, et une ravissante jeune fille de dix-sept ans, fraîche comme la rose du matin, montra sa tête gracieuse, et le suivit des yeux aussi longtemps qu'elle put le voir. Quand il eut disparu, un soupir s'échappa de sa poitrine et elle se retira tristement. Deux larmes, semblables à deux gouttes de rosée se suspendirent aux franges soyeuses de ses paupières.

Absorbé dans sa rêverie, le jeune homme ne l'avait pas remarquée. Aucune de ses pensées n'était pour la jeune fille. Elle le savait, la chère petite, et elle souffrait beaucoup de se voir ainsi oubliée et dédaignée par celui qui avait été son ami dès l'enfance.

Elle s'assit et prit machinalement sa broderie ; mais elle y travailla distraitement. Sa figure, tout à l'heure souriante, avait pris une expression presque douloureuse.

— C'est fini, se dit-elle, il ne pense plus à moi ; mademoiselle Marguerite Velleroy m'a pris son amitié.

Le jeune homme rentra chez son père.

— Enfin, te voilà, Philippe, dit le fermier ; qu'as-tu donc fait si longtemps dans les champs ?

— Je regardais le ciel chargé d'électricité, j'admirais les effets de la tempête, le spectacle grandiose du ciel en feu. Ah ! mon père, comme tout cela est beau !...

— Mon pauvre ami, tu as des idées bien singulières ; Dieu sait où elles te conduiront.

— A la gloire, mon père, répondit le jeune homme, dont le regard étincela.

Le vieux fermier hocha la tête.

— Je ne sais ce que tu entends par là, mon garçon, dit-il ; la gloire qu'on rêve n'est souvent qu'une fumée. Tu as de l'ambition, je ne t'en fais pas un crime ; mais cela me chagrine, parce que je sens qu'elle te perdra, ton ambition. Prends garde, mon fils, prends garde ! Mon père a cultivé la terre toute sa vie ; moi, j'ai suivi son exemple et je m'en trouve bien : je suis heureux autant qu'on peut l'être. Philippe, prends aussi exemple sur ton frère aîné ; pourquoi ne fais-tu pas comme lui ?

— Mon frère aime le travail des champs, mon père, et ma vocation m'en éloigne.

— Oui et au lieu de travailler avec lui pour soulager ton vieux père, tu t'amuses à faire des arbres, des chevaux, des vaches, des moutons avec un crayon. Il n'est pas jusqu'à notre maire que tu n'aies dessiné avec son gros ventre et son feutre sur l'oreille. Sais-tu ce qu'on dit de toi dans le pays ?

— Non, mon père, mais je m'en doute un peu.

— Les mauvaises langues n'y manquent point ; nous n'avons jamais fait de mal à personne, cependant nous avons des ennemis, les envieux et les malintentionnés. Eh bien, les uns disent que tu es un fainéant, que tu te crois trop grand seigneur pour travailler à la terre ; les autres affirment que tu deviens fou. Tous ces bavardages ne me font pas plaisir, Philippe ; c'est à toi de les faire taire en te mettant sérieusement et courageusement au travail.

— Mon père, j'ai déjà essayé bien des fois, je n'ai pas réussi...

— Tu ne peux cependant pas rester à rien faire, mon garçon.

— C'est vrai, mon père.

— Vois-tu, Philippe, cet homme, qui s'est arrêté chez nous l'année dernière, t'a perdu. Cet homme est ton mauvais génie.

— Vous vous trompez, mon père, l'année dernière, j'avais déjà les mêmes idées. Corot, le grand peintre de la nature, a vu mes essais, il m'a encouragé et m'a engagé à continuer mes études... Ne vous a-t-il pas dit à vous-même, mon père, que j'avais là un trésor, ajouta le jeune homme en se touchant le front.

— Des bêtises, des bêtises ! je ne crois pas à ces trésors-là.

— Pourquoi, mon père ?

— Parce que tes idées me font l'effet des coquelicots et des bluets dans mes blés, répondit le vieillard en secouant la tête ; c'est joli, ça brille et tire l'œil, mais ça ne rapporte rien.

— Je suis plein de confiance dans l'avenir, mon père ; avec de la volonté et du courage j'arriverai.

Le père se mit à siffler entre ses dents l'air : Va-t'en voir s'ils viennent, Jean.

Philippe continua :

— Depuis longtemps je veux vous faire une demande, mon père ; j'ai hésité beaucoup, mais puisqu'il faut que cela soit, je me décide à vous l'adresser aujourd'hui.

Le fermier regarda son fils avec surprise et anxiété.

— Voyons, parle, lui dit-il.

— Mon père, je désire aller à Paris.

— A Paris ! s'écria le vieillard.

— Oui, mon père. Je vous en prie, laissez-moi partir.

— A Paris, toi, seul ! Es-tu réellement fou, Philippe ?

— Je ne le crois pas.

— Mais, malheureux, que ferais-tu dans cette ville immense qui est tout un monde ?

— Je trouverai des maîtres, je travaillerai.

— Folie ! tu ne connais personne à Paris.

— Vous oubliez le peintre illustre dont nous parlions il y a un instant.

— M. Corot ? Oh ! il y a longtemps qu'il ne se souvient plus de toi.

— Vous vous trompez, mon père, répondit le jeune homme en souriant.

Il tira de sa poche une lettre et la mit dans la main du vieillard.

C'était une réponse du grand paysagiste à une lettre du jeune paysan.

« Puisque vous ne vous effrayez pas devant les » difficultés à vaincre, » écrivait Corot, « puisque » la peinture, art trop souvent ingrat, est décidé- » ment votre vocation, venez à Paris ; vous trouve- » rez en moi un maître et un ami. »

— Et tu crois que je vais te laisser partir ? s'écria le vieillard après avoir lu ; est-ce que je pourrais vivre te sachant perdu dans ce Paris dont on dit tant de mal, ce gouffre béant toujours prêt à recevoir de nouvelles victimes ? Non, non, tu ne quitteras pas ton vieux bonhomme de père. Tu es au moins sûr qu'il t'aime, celui-là.

— Oh! oui, mon père, je sais que vous m'aimez; mais c'est au nom de cette affection que je vous supplie de ne pas me retenir à Charville. Je le sens, ici je ne ferai jamais rien. Il s'agit de mon avenir, de mon bonheur, mon père. Ne me refusez pas ce que je vous demande.

Le vieillard appuya sa tête dans ses mains et resta un instant livré à ses pensées.

— Eh bien! mon père? interrogea le jeune homme.

— Combien faudra-t-il que tu restes de temps à Paris? demanda le fermier en relevant la tête.

— Cinq ou six ans, mon père.

— Et quand veux-tu me quitter?

— Aussitôt que vous me le permettrez, mon père, répondit le jeune homme.

Son visage était rayonnant.

— Nous en parlerons demain, reprit le fermier. Avec quoi vivras-tu à Paris?

— Les six cents francs de rente qui me viennent de ma mère me suffiront, je pense.

— Tu penses, reprit le père en souriant. A tes six cents francs j'en ajouterai six cents autres, et tu verras si tu en as beaucoup de reste. Mais c'est tout ce que je pourrai faire pour toi.

Philippe se jeta au cou de son père et l'embrassa avec effusion.

III

Trois jours se sont écoulés. Philippe Varinot est

prêt à partir pour Paris. C'est bien décidé, le lendemain il doit dire adieu à son vieux père. Celui-ci n'a pu résister ; la confiance de son fils l'a ému et il s'est laissé convaincre. Il lui semble aussi que l'avenir est plein de promesses.

Fort de son courage, le jeune homme ne redoute rien, pas même l'inconnu, cette chose terrible qui arrête souvent les plus hardis. Pour le moment, il n'a que ses illusions, elles lui suffisent. Les illusions sont, comme l'espoir, une partie du bonheur, elles aident à vivre. Que de gens elles ont soutenus au milieu des luttes de la vie ! Que de gens elles ont sauvés du désespoir !

La pensée de Philippe Varinot s'élançait vers un monde nouveau, il voulait suivre sa pensée. Allait-il courir à la conquête d'une chimère ! Non. Il voyait les obstacles se briser devant lui et ses efforts couronnés par le succès. Il avait rêvé de se faire un nom dans les arts ; à force de travail, il voulait se frayer un chemin à travers les épines et les ronces qui défendent l'entrée du temple de la gloire.

Alors, ce nom, cette gloire acquise en combattant, et la fortune qui vient après, il voulait mettre tout cela aux pieds de mademoiselle Marguerite Velleroy.

Marguerite était le mobile de son ambition. Entre elle et lui, il y avait inégalité de fortune et d'éducation Marguerite était une demoiselle élégante, pleine de distinction et d'un grand air ; lui, un pauvre paysan, à peine dégrossi par les leçons du maître d'école. Il s'agissait de rapprocher les distances qui les séparaient. La tâche était ardue, mais non impossible. Philippe l'avait pensé. Avec sa nature ardente, sa volonté puissante, il sentait assez de force en lui pour ne pas s'arrêter en chemin.

— Oui, se disait-il, je veux me rendre digne d'elle, il faut que je m'élève assez haut pour la mériter.

Marguerite était fille unique. M. Velleroy, un ancien avoué de Paris, retiré des affaires, possédait une belle fortune. Depuis deux ans, il était devenu le propriétaire du château de Charville, qu'il habitait une partie de l'année.

Philippe Varinot avait souvent rencontré la jolie Marguerite ; la curiosité le fit même admettre au château : on avait voulu voir ses dessins. Il s'empressa de saisir l'occasion qui lui était offerte de causer avec mademoiselle Velleroy. Depuis un an il l'aimait. Et il n'avait point songé, quand il en était temps encore, à se mettre en garde contre ce sentiment qui devait lui faire éprouver une grande déception.

Tout le monde au village savait que Philippe Varinot allait tenter de faire fortune à Paris. Les uns blâmaient le père, les autres se moquaient du fils ; mais il y avait unanimité pour dire que M. Philippe, n'ayant jamais rien fait de bon dans le pays, ne réussirait pas à faire mieux à Paris.

Heureusement, les bonnes gens de Charville ne connaissaient pas toutes les ambitions du jeune homme ; certes, s'ils eussent soupçonné qu'il avait la pensée de demander un jour en mariage mademoiselle Marguerite Velleroy, la méchanceté aurait eu beau jeu. Les rieurs n'eussent pas eu assez de sarcasmes pour le punir d'une aussi ridicule prétention.

Mais ce que les habitants de Charville ignoraient, Marguerite l'avait deviné. Philippe ne fut pas assez maître de lui pour cacher à la jeune fille le trouble et l'admiration qu'elle faisait naître en lui. Son émotion, ses regards, sa voix tremblante lorsqu'il lui adressait la parole, l'avaient trahi.

A la suite de cette découverte, mademoiselle Velleroy rit, tellement la chose lui parut surprenante; mais elle était coquette, elle aimait un peu trop qu'on rendît hommage à sa beauté; elle ne se montra point indignée, elle fut même indulgente. Sans le vouloir, sans doute, par son indulgence même, elle encouragea le jeune paysan à poursuivre son rêve.

Dans la journée, Philippe Varinot s'habilla et se rendit au château. Il voulait saluer M. Velleroy avant son départ et voir une dernière fois mademoiselle Marguerite. Mais ce n'était pas seulement une visite de politesse qu'il allait faire. Il avait rassemblé toutes ses forces pour faire à Marguerite un aveu qui, jusqu'alors, était toujours resté sur ses lèvres. Il désirait, il espérait obtenir un mot d'espoir, une promesse.

M. Velleroy était sorti, mademoiselle Marguerite faisait un tour de promenade dans le parc.

Philippe hésita un instant, se demandant s'il devait attendre leur retour au château. Mais il était trop impatient pour cela. Il descendit dans le parc, afin d'aller à la rencontre de la jeune fille. Il prit une large allée ombragée de charmes aux branches entrelacées et taillées en berceau.

L'air était imprégné des parfums des chèvrefeuilles, des acacias, des sureaux et des jasmins, auxquels se mêlaient les odeurs pénétrantes de la fenaison.

Les grives et les merles couraient à travers les taillis, et les oiseaux chanteurs, cachés dans les feuillages, envoyaient à Dieu, comme une action de grâce, les trilles harmonieux de leurs plus joyeuses chansons.

Au bout d'un instant, le jeune paysan aperçut Marguerite marchant dans une allée qui se croisait avec celle dans laquelle il se trouvait La jeune fille n'était pas seule. Elle donnait le bras à un grand jeune homme très élégant, que Philippe ne connaissait point Il éprouva une vive contrariété, et par un sentiment irréfléchi de timidité ou de crainte, il s'élança hors de l'allée et se cacha derrière un bouquet d'arbustes.

Marguerite et son compagnon vinrent s'asseoir sur un banc à quelques pas de lui. Ils paraissaient de fort joyeuse humeur, car ils riaient tous les deux.

— Ce que vous venez de me dire, ma chère cousine, dit le jeune homme élégant, est tout à fait une pastorale à la manière de M. de Florian.

— Moins Estelle, cependant, répondit Marguerite.

— Certainement ; nous ne sommes plus au bon vieux temps où les princesses épousaient les bergers. Et quel âge a-t-il, ce jeune pastoureau ?

— Vingt-deux ans, je crois.

— L'âge d'un héros d'idylle, avec de grosses

joues bouffies, bien rouges, et d'énormes mains dures, rouges aussi, reprit le jeune homme en riant.

— Vous vous trompez, mon cher cousin, il ne ressemble nullement à votre portrait : il a le visage pâle, il porte ses cheveux longs tombant sur le cou, à la mode bretonne, et le travail de la terre n'a jamais durci ses mains ; je puis même ajouter qu'il ne manque pas d'une certaine distinction.

— Mais alors, ce n'est pas un paysan?

— Ce n'est pas non plus un prince déguisé ; nous ne sommes plus au bon vieux temps dont vous parliez tout à l'heure.

— Expliquez-moi cette énigme.

— Mon pastoureau, comme vous l'appelez, se croit un être privilégié ; le métier de son père lui répugne ; il a du goût pour le dessin, il crayonne même assez bien ce qu'il a sous les yeux, et il s'imagine qu'il est artiste. J'ai appris ce matin qu'il se disposait à partir pour Paris, où il pense devenir un peintre célèbre.

— Je comprends, c'est un fou !

— C'est ce qu'on dit à Charville.

— Et vous, ma cousine, est-ce votre opinion?

— Je ne puis pas en avoir une autre.

— Qui dit artiste, dit aussi poète, reprit le jeune homme; ne vous a-t-il pas adressé quelque madrigal?

— Y pensez-vous, mon cousin? s'écria Marguerite avec un geste de dignité froissée ; croyez-vous que je lui aurais permis de prendre vis-a-vis de moi une liberté aussi inconvenante? Certes, je l'eusse bien vite renvoyé à ses moutons.

— C'est égal, l'aventure est fort drôle et mérite d'être racontée.

— A vos amis, n'est-ce pas? pour me rendre ridicule.

— Oh! rassurez-vous, je ne dirai rien.

— Ce serait peu généreux, et je ne vous le pardonnerais pas.

— Et comment se nomme-t-il, ce nouveau Némorin?

— Philippe Varinot.

— Philippe Varinot, répéta le cousin, je voudrais bien voir ce garçon-là.

Il avait à peine achevé ces paroles lorsque Philippe, bondissant au milieu de l'allée, se dressa devant lui, blême de colère, le regard plein d'éclairs.

Le jeune paysan avait tout entendu.

Marguerite laissa échapper un cri d'effroi et cacha sa tête dans ses mains.

— Vous désirez voir Philippe Varinot, dit celui-ci d'une voix éclatante; il est devant vous, regardez-le.

Le cousin, aussi effrayé que la jeune fille, ne trouva pas un mot pour répondre.

— Mademoiselle, reprit Philippe en se tournant vers mademoiselle Velleroy, c'est bien involontairement que j'ai surpris vos paroles; mais je remercie le hasard qui m'a fait connaître votre pensée. Vous avez raison, mademoiselle, je suis un insensé, un pauvre fou... Peut-être n'auriez-vous pas dû le dire si haut; c'eût été généreux et plus digne de vous. Je ne vous fais pas de reproche; je dois, au contraire, vous remercier de m'avoir ouvert les yeux. La leçon est un peu dure; mais j'espère pouvoir en profiter. Permettez-moi pourtant de vous dire, mademoiselle, continua-t-il, en vous renouvelant l'assurance de mon profond respect, que je ne croyais pas vous avoir autorisée, par ma conduite, à me couvrir de ridicule. Votre dignité, il me semble, n'est pas assez soucieuse de celle des autres. En quittant Charville demain, j'aurai une illusion de moins, mais ce n'est point la perte de mes espérances. Maintenant, mademoiselle, je vous dis adieu, adieu !

Il s'éloigna rapidement et sortit du parc. Une douleur inconnue lui brisait le cœur.

IV

Tout en marchant, il se disait :

— Mademoiselle Marguerite Velleroy m'a fait sentir bien cruellement le peu que je suis. C'est pour elle que je voulais devenir quelque chose, et elle me méprise... Comme tout le monde, elle me traite de fou ! Quand nul ne croit à mon avenir, quand j'ai l'âme triste, le cœur brisé, d'où vient donc que je ne me sens point découragé, que ma volonté reste la même ? Ah ! c'est qu'il y a en moi autre chose que les rêves d'un ambitieux vulgaire. Pour tous les grands artistes, l'art est un culte ; il sera le mien. Ne pensons plus à mademoiselle Velleroy. D'autres espérances me montrent l'avenir et ses horizons ensoleillés !

Comme il passait devant la petite maison dont nous avons déjà parlé, une voix jeune, fraîche et argentine lui cria :

— Bonsoir, Philippe.

Il s'arrêta brusquement.

— Bonsoir, Adeline, dit-il ; bonsoir, monsieur Thériot.

La jeune fille et son père étaient assis devant la maison, à l'ombre, sur un banc de pierre. M. Thériot s'étant levé, Philippe s'avança vers lui. On lui fit une place sur le banc et il s'assit à côté d'Adeline.

Le front de la jeune fille se couvrit d'une rougeur subite. Elle était vivement émue.

— Nous avons entendu dire que vous alliez quitter Charville, interrogea M. Thériot ; est-ce tout à fait décidé ?

— Oui, monsieur.

La jeune fille retint un soupir ; mais un nuage de tristesse se répandit sur son joli visage.

— Quand partez-vous ?

— Demain, monsieur Thériot.

— Sitôt que cela ! s'écria Adeline.

— Ma foi, mon cher Philippe, reprit M. Thériot, vous faites bien ; beaucoup d'autres voudraient vous imiter, mais ils ont peur. Morbleu ! on doit être hardi, aujourd'hui ; il faut cela pour réussir.

— Ainsi, vous ne me blâmez pas, monsieur Thériot ?

— Mon cher, au lieu de vous blâmer, je vous approuve. Moi, voyez-vous, je ne suis pas de ceux qui croient qu'on est forcé de faire le métier de son père. Chacun a ses instincts, je veux dire sa vocation ; est-ce que nous aurions sans cela des avocats, des prêtres, des littérateurs, des maréchaux de France et des peintres ? Peintre, c'est ce que vous serez un jour, j'en suis certain.

— Je vous remercie de la bonne opinion que vous avez de moi, monsieur Thériot.

— Mon cher Philippe, vous avez quelque chose là, sous le front ; il y a longtemps que je l'ai dit et répété aux imbéciles qui vous raillent et vous dénigrent. Laissez dire et marchez crânement. Parce qu'on est né dans un village, on n'est pas condamné à ne le quitter jamais. Ceux qui s'en vont ont leur idée ; attendez et vous verrez. Ah çà, est-ce que les villes seules ont le privilège de fournir au pays de grands citoyens? Il y a des gens capables et intelligents partout, comme partout il y a des ignorants et des sots. Ils me font rire, vraiment, ceux qui prétendent que si la jeunesse continue à émigrer vers les villes, il n'y aura plus assez de bras pour la charrue et la faux. Morbleu! braves gens, faites que vos fils perdent moins de temps au cabaret et travaillent davantage! Quand, à cinq ou six, ils ont acheté tout un village, je les entends dire : « Nous n'avons plus de manœuvres pour cultiver nos terres. » Pourquoi avez-vous tant acheté? Le manœuvre veut devenir propriétaire aussi. Du moment qu'il n'a plus cet espoir chez vous, il s'en va ailleurs! Enfin, mon cher Philippe, vous avez votre idée et vous partez. Ici, vous n'auriez jamais été un cultivateur, là-bas, vous deviendrez un homme de talent. Pour parvenir, vous le savez aussi bien que moi, il faut partout deux choses principales : l'honnêteté et le travail.

La jeune fille leva sur Philippe ses grands yeux bleus, dans lesquels roulaient deux larmes.

— Quand vous serez à Paris, dit-elle, vous oublierez bien vite vos amis de Charville.

— Oh ! Adeline, vous ne le pensez pas ! protesta le jeune homme.

— Vous seriez excusable, vous verrez tant de monde.

— Il y a des souvenirs qui ne s'effacent jamais, répondit-il ; par exemple celui des affections de la première jeunesse.

— Alors, vous penserez quelquefois à mon père et à moi ?

— Souvent, ma chère Adeline, toujours, répondit-il vivement.

Il lui prit la main. Elle baissa les yeux.

— Quant à ça, je connais Philippe, dit M. Thériot ; je sais bien qu'il se souviendra toujours de ses amis. Adeline prétendait que vous ne viendriez pas nous dire adieu. Vingt fois dans la journée elle m'a répété : « Père, Philippe ne viendra pas. » Moi, je lui répondais : — Ne te tourmente pas, notre ami Philippe ne manquera pas, avant de partir, de venir serrer la main du papa Thériot et embrasser sa petite amie Adeline. C'est que nous vous aimons beaucoup, mon cher Philippe, dit M. Thériot avec émotion ; ma fille n'a pas oublié qu'autrefois, quand elle était toute petite et allait à l'école, vous la mettiez sur votre dos, les jours de mauvais temps, pour qu'elle ne mouille pas ses petits pieds dans la boue et les ruisseaux. En ce temps-là, j'étais souvent en voyage, et ma chère mignonne avait perdu sa pauvre mère. En me rappelant cela tantôt, elle n'a pu retenir ses larmes... Le souvenir de sa mère !

— Je venais aussi de perdre la mienne, monsieur Thériot ; j'avais déjà onze ans, et ma douleur me faisait mieux comprendre celle des autres.

— Nous ne nous reverrons probablement pas demain, reprit M. Thériot en prenant la main du jeune homme. Allons, mon cher Philippe, au revoir et bonne chance.

— Me permettez-vous d'embrasser Adeline, monsieur Thériot ?

— Certainement, sur les deux joues.

Adeline, un peu confuse, mais heureuse, tendit ses deux joues au jeune homme.

Ensuite, elle entra dans la maison et revint bientôt, tenant à la main un petit bouquet de violettes blanches.

— Philippe, dit-elle, voulez-vous accepter ces fleurs que j'ai cueillies tout à l'heure dans notre jardin ?

— De tout mon cœur, Adeline.

— Vous les emporterez à Paris, ce sera un souvenir de nous. Malheureusement, elles seront vite flétries.

— N'importe, je les conserverai toujours.

M. Thériot tendit de nouveau sa main au jeune homme et ils se séparèrent.

Le lendemain, au petit jour, Philippe Varinot s'éloignait de Charville pour aller attendre, à deux lieues de là, le passage de la diligence de Paris.

V

Corot, l'illustre paysagiste, l'auteur de tant de chefs-d'œuvre, qui se distinguent par une grâce inimitable, un sentiment exquis et le charme d'une illusion ravissante, Corot, dont la perte récente est et restera un grand deuil pour les arts, accueillit avec beaucoup de bienveillance et de sympathie Philippe Varinot, son nouvel élève.

Celui-ci loua une petite chambre meublée, tout près de l'atelier du maître, et se mit immédiatement et courageusement au travail.

Ses progrès furent si rapides que Corot s'en étonna lui-même. Il saisissait avec une intelligence surprenante les plus grandes difficultés de l'art. Au bout de quelques mois, il connaissait toutes les lois de la perspective et savait rendre déjà les plus merveilleux effets de la lumière et des ombres. Il avait aussi la conception extrêmement facile. Sans modèle, en s'inspirant de ses souvenirs, il créait des paysages fantaisistes d'une vérité admirable.

— On dirait que ce garçon-là a tout vu, tout étudié et qu'il a sous les yeux la nature tout entière, disait quelquefois le maître à ses amis. C'eût été vraiment dommage de le laisser dans son village. C'est un laboureur de moins; mais il sera un jour un grand artiste de plus.

Philippe Varinot était l'élève favori de Corot. Il devint son compagnon et son ami.

Tous les trois mois son père lui envoyait régulièrement le trimestre de sa pension. En vivant avec économie et en s'imposant des privations de plaisir, dans son travail profita, ses douze cents francs lui suffirent la première année. Mais il ne pouvait pas rester toujours entre quatre murs, un crayon ou des pinceaux à la main. Sollicité par Corot lui-même, il vit un peu le monde, il eut quelques camarades, qu'il choisit, d'ailleurs, avec soin, et fit souvent dans les environs de Paris, si riches en sites agréables et pittoresques, de longues et fructueuses excursions.

Alors, son modeste budget ne fut plus suffisant. Il ne pouvait demander à son père de s'imposer de plus lourds sacrifices ; il dut se créer de nouvelles ressources par son travail. Il fit ce que font la plupart des jeunes artistes pauvres et inconnus ; il vendit ses premiers tableaux à bas prix à un de ces marchands brocanteurs qui, s'ils exploitent le talent de l'artiste, sont pour lui bien souvent aussi comme une seconde providence.

La vie de l'artiste a ses épreuves et ses cruelles déceptions ; Philippe Varinot ne l'ignorait pas, et il se tenait prêt à tout supporter ; sa volonté et son courage ne faiblissaient point. Sa confiance et ses travaux assidus méritaient une récompense. Il l'obtint. Sur trois tableaux qu'il avait présentés, deux furent admis à l'exposition annuelle des beaux arts. Il n'avait pas encore deux années d'études ; mais parmi les maîtres du genre, le sien était le premier. Sa joie fut immense. Toutefois, il ne se laissa point éblouir par ce premier triomphe.

— C'est le premier pas, lui dit Corot ; n'oubliez point que succès oblige.

Il recevait souvent des lettres de son père auxquelles il s'empressait de répondre. Le fermier lui disait : « Viens donc nous voir. » A cela il répondait toujours : « Plus tard, quand je serai arrivé à quelque chose. » C'était son idée, son seul orgueil ; il ne voulait reparaître à Charville que le jour où il aurait conquis ce qu'il était venu chercher à Paris : un nom dans les arts.

Pourtant, sa pensée s'envolait souvent vers Charville. De la ferme, où il revoyait son vieux père et son frère, elle courait au château de M. Velleroy. Philippe n'avait pas oublié Marguerite.

Deux années s'écoulèrent encore.

Philippe Varinot avait eu trois tableaux à la dernière exposition, lesquels lui avaient fait décerner, à l'unanimité du jury, une médaille de première classe.

Maintenant, il travaillait avec ardeur pour la prochaine exposition, où il espérait encore faire admettre trois tableaux.

Ses toiles précédemment admises au salon avaient été vendues à un prix convenable; mais les besoins du jeune artiste n'étaient plus les mêmes; il n'avait pu conserver ses goûts modestes. Malgré lui, et forcément, il avait subi les entraînements du monde. La vie parisienne a de nombreuses exigences; il s'y était soumis.

Il avait loué et fait meubler un appartement rue Fontaine-Saint-Georges. La pièce principale et la mieux éclairée était devenue son atelier. Tout l'argent qu'il avait gagné s'était converti en un beau mobilier et avait été employé à d'autres dépenses. Philippe Varinot était toujours pauvre. Mais l'exposition approchait et il comptait sur de nouvelles œuvres, — il en avait le droit maintenant, — pour rétablir ses finances.

Malheureusement, deux mois avant l'exposition il tomba dangereusement malade. Et ses tableaux n'étaient pas achevés.

Au bout de quelques jours, ce qui lui restait

d'argent se trouva épuisé. A qui s'adresser ? Corot était absent de Paris, son père lui avait avancé deux trimestres de sa petite pension.

Ses besoins étaient pressants, la situation douloureuse. Le pauvre malade prit une résolution énergique, désespérée.

— Il y a trois tableaux dans mon atelier, dit-il à sa femme de ménage, prenez le plus grand, qui est presque terminé, et portez-le chez M. X..., marchand de tableaux, rue Laffitte ; vous accepterez la somme qu'il vous en donnera. Vous lui direz que s'il ne l'a pas déjà vendu lorsque je serai rétabli, je le terminerai.

La femme de ménage alla prendre le tableau. Philippe poussa un profond soupir en voyant partir cette toile qui contenait tant d'espérances.

Quand la femme de ménage entra chez le marchand de tableaux, celui-ci causait avec deux femmes, dont l'une, toute jeune, pouvait être la fille ou la nièce de l'autre.

— Oh ! oh ! fit le marchand en regardant le tableau avec une surprise mêlée d'admiration. Cette toile n'est pas signée, continua-t-il ; mais je n'ai pas de peine à deviner le nom de l'auteur.

Et il jeta un regard sur les deux femmes.

— Voilà certainement une belle œuvre, reprit-il ; malheureusement, elle n'est pas achevée.

— C'est vrai, monsieur ; mais M. Varinot m'a chargée de vous dire qu'il s'engageait à terminer le tableau aussitôt qu'il serait rétabli, car depuis quinze jours, il est très mal.

Au nom de Varinot, la plus jeune des deux femmes tressaillit.

— Quoi ! s'écria le marchand, M. Philippe Varinot est malade ?

— Oui, monsieur. En ce moment, il a besoin d'argent... c'est pour cela...

— Ce tableau était sans doute destiné à l'exposition ?

— Oui, monsieur.

— Et il est forcé de le vendre. Combien en veut-il ?

— J'ai l'ordre d'accepter ce que vous me donnerez.

Le marchand parut réfléchir.

La jeune fille, qui jusque-là était restée immobile, écoutant la conversation avec un vif intérêt, s'approcha du marchand et lui dit à voix basse :

— Donnez mille francs à cette dame pour le tableau ; si vous le voulez bien, monsieur, c'est moi qui l'achète.

Le marchand sourit. Il prit un billet de mille francs dans le tiroir de son bureau et le remit à la femme de ménage, qui se retira immédiatement.

— Vous veniez me demander des renseignements sur M. Philippe Varinot, dit le marchand aux deux femmes ; le hasard vous a admirablement servies.

— Nous désirions savoir seulement s'il était à Paris, répondit vivement la jeune fille. Nous nous sommes adressées à vous pour avoir de ses nouvelles parce qu'on nous a appris que vous le voyiez quelquefois et que vous aviez souvent vendu de ses tableaux.

— Depuis plus de six mois je n'avais pas eu l'occasion de le rencontrer et j'ignorais qu'il fût malade.

— Voulez-vous avoir l'obligeance de nous donner son adresse?

— Il demeure actuellement rue Fontaine-Saint-Georges, n° 22.

— Il nous reste maintenant, monsieur, à parler de notre acquisition.

— C'est juste, car si ce n'eût été pour vous être agréable, je n'aurais pas gardé le tableau.

— Oh! monsieur, vous ne seriez pas venu en aide à M. Varinot?

— Je ne dis pas cela. Je lui aurais prêté la somme dont il pouvait avoir besoin en lui renvoyant son tableau.

— Parce qu'il est inachevé?

— Non; mais parce que c'est une œuvre remarquable sur laquelle il comptait. Ce tableau était destiné, peut-être, à établir d'une façon décisive la réputation de ce jeune et vaillant artiste. Mais il est à vous, mademoiselle, et je vous assure que vous ne l'avez pas acheté trop cher.

— Je ne sais pas encore le prix, dit la jeune fille d'une voix émue.

— C'est vous-même qui l'avez fixé.

— Soit; mais il y a votre commission.

— J'ai voulu vous faire plaisir, mademoiselle, ce n'est point une affaire que j'ai faite. Où faudra-t-il vous envoyer le tableau?

— Voici mon nom et mon adresse, répondit la dame âgée en remettant une carte au marchand : Madame Bertrand, 10, rue de Turenne.

VI

Après être resté un mois étendu sur son lit, Philippe Varinot avait pu se lever. Il reprenait peu à peu ses forces. Enfin, au milieu de la sixième semaine, le médecin déclara qu'il pouvait sans danger se remettre au travail, à condition, toutefois, de ne pas trop se fatiguer.

— Monsieur Philippe, j'espère que vous êtes content, lui dit sa femme de ménage après le départ du docteur ; vous allez pouvoir reprendre, dès aujourd'hui, votre palette et vos chers pinceaux.

Le jeune artiste jeta sur la porte de son atelier un regard plein de tristesse.

— A quoi bon ? fit-il.

— Seriez-vous découragé ?

— Absolument.

— Mais vous avez encore quinze jours devant vous, monsieur Philippe ; avec votre habileté...

— Non, je ne donnerai rien au salon cette année.

— Et vos tableaux presque terminés ?

— Ils resteront où ils sont, répondit-il.

Et un sourire amer crispa ses lèvres.

— Ceux-là ne sont rien, se disait-il ; seul, celui que j'ai été forcé de vendre était tout.

Il poussa un soupir de regret, et son front s'assombrit encore.

— La personne qui venait tous les jours prendre de mes nouvelles chez la concierge n'est pas revenue ? demanda-t-il au bout d'un instant.

— Depuis que vous êtes hors de danger elle n'a plus reparu.

— C'est étrange, murmura-t-il.

Il se leva et se mit à marcher dans sa chambre, en se tenant à distance de la porte de l'atelier, comme s'il eût craint d'avoir la tentation de l'ouvrir.

La femme de ménage, qui l'observait d'un œil impatient, lui dit tout à coup :

— Monsieur Philippe, entrez donc dans votre atelier, vous verrez si j'en ai eu soin pendant votre maladie. Tout y est propre, bien rangé ; si vous êtes content, un petit compliment de votre part me ferait bien plaisir.

— S'il ne faut que cela pour votre bonheur, je le veux bien.

— Eh bien, monsieur Philippe, entrez, dit-elle en ouvrant la porte.

Le jeune homme s'avança sur le seuil. Aussitôt il jeta un cri de surprise et de joie. Devant lui, sur son chevalet, il voyait la toile qu'il avait cru pour toujours sortie de ses mains.

Il se tourna vivement vers la femme de ménage. Elle souriait.

— Comment se fait-il ?... expliquez-moi... balbutia-t-il.

— C'est simple, tout à fait simple, monsieur Philippe. J'avais vendu le tableau par votre ordre et, il y a cinq jours, il a été rapporté chez la concierge. Je l'ai pris et remis là, à sa place, pendant votre sommeil.

— Est-ce M. X... qui me l'a renvoyé ?

— Quant à ça, monsieur Philippe, je l'ignore. La

personne qui l'a rapporté est la même qui venait tous les jours savoir de vos nouvelles.

— Une vieille dame, m'avez-vous dit ?

— Oui, et qui venait toujours en voiture.

L'artiste entra dans l'atelier, s'assit sur un escabeau et resta un quart d'heure absorbé dans ses pensées. Il cherchait à deviner le mystère.

Soudain, il se leva, le front rayonnant, une flamme dans le regard. Il prit sa palette sur laquelle il fit tomber des couleurs, saisit ses pinceaux et se plaça devant le chevalet.

Derrière lui, la porte de l'atelier se referma doucement.

Philippe Varinot travaillait.

Le lendemain, se sentant assez fort pour sortir, il alla faire une visite au marchand de tableaux de la rue Laffitte. Il l'accabla de questions au sujet du tableau mystérieusement renvoyé chez lui.

— Je suis de votre avis, répondit M. X..., c'est très singulier ; mais je ne comprends pas plus que vous. Le jour même où je vous ai acheté le tableau, j'ai trouvé un amateur et je m'en suis dessaisi avec un petit bénéfice.

— Vous savez le nom de cet amateur ?

— Ma foi non ; il a payé, emporté la toile, et je n'en ai plus entendu parler.

— Monsieur X... vous ne me dites pas la vérité. Pourquoi ne point m'avouer tout de suite qu'on vous a fait promettre de rester muet à mes questions.

— Admettons que cela soit, monsieur Varinot, vous ne serez pas plus avancé dans vos recherches.

— Peut-être. Permettez-moi encore une question : l'amateur qui vous a acheté mon tableau est-il un homme ou une femme ?

— Une femme, répondit le marchand en souriant.

— Jeune ?

— Je ne me souviens plus ; d'ailleurs elles étaient deux.

Le jeune homme sortit de la boutique. Après avoir fait une vingtaine de pas, il s'arrêta tout à coup au milieu du trottoir et se frappa le front. Un rayon de lumière venait de traverser sa pensée.

— Marguerite ! s'écria-t-il ; c'est Marguerite !

Il rentra chez lui en proie à une vive agitation. Mais il se calma subitement en se retrouvant en présence de ses trois tableaux inachevés.

— Allons, se dit-il, il me reste quatorze jours, c'est le temps suffisant ; tant que j'aurai un coup de pinceau à donner, je ne mettrai pas les pieds dans la rue. Le succès me paraît certain, je ne veux pas qu'il m'échappe.

Les tableaux furent terminés deux jours avant le dernier délai accordé aux artistes pour la présentation de leurs ouvrages, et admis tous les trois à l'exposition des Beaux-Arts.

Le succès de Philippe Varinot fut complet. Les journaux firent de lui les plus grands éloges. Les critiques les plus difficiles le louèrent sans réserve. Il fut déclaré que son principal tableau, « *la Rosée d'avril* », était un chef-d'œuvre. Le public s'empressa de ratifier le jugement porté par l'unanimité de la presse ; il acclama Philippe Varinot comme un triomphateur.

Plusieurs personnes se présentèrent pour acheter les tableaux exposés. Un Anglais offrit d'abord dix mille francs de *la Rosée*. Le jeune artiste répondit que ce tableau n'était pas à vendre. Le lendemain, un boyard russe mettait quatre mille roubles d'or (plus de vingt mille francs) devant Philippe pour posséder le tableau.

— Cette toile ne m'appartient pas, répondit le jeune homme; je l'avais vendue avant qu'elle fût admise au salon.

Afin d'éviter de nouvelles sollicitations de la part des amateurs, Philippe fit attacher au cadre du tableau un morceau de carton sur lequel était écrit en grosses lettres le mot : VENDU.

Un matin, on lut dans le *Moniteur universel* le nom de Philippe Varinot, qu'un décret venait de nommer chevalier de la Légion d'honneur.

VII

Le jour même où Corot donna l'accolade à son cher élève, en lui attachant lui-même le ruban rouge à la boutonnière, le nouveau décoré reçut un billet ainsi conçu :

« Monsieur Velleroy prie monsieur Philippe Va-
» rinot de lui faire l'honneur de venir dîner chez
» lui, 4, rue Trévise, mardi prochain, à six heures. »

Cette invitation lui causa une certaine émotion, mais ne le surprit point. Depuis un mois il l'attendait. Le mardi, à l'heure indiquée, il fit son entrée dans le salon de M. Velleroy, dont mademoiselle Marguerite faisait les honneurs avec une grâce charmante.

L'ancien avoué accourut vers lui et le serra dans ses bras avec de grandes démonstrations de joie. Ensuite il le prit par la main et, l'amenant au milieu du salon :

— Mesdames et messieurs, dit-il en s'adressant à la société, j'ai l'honneur de vous présenter M. Philippe Varinot, dont tout Paris s'occupe en ce moment et que je vous ai annoncé comme devant être ce soir un de mes convives. M. Varinot est notre compatriote ; il est né à Charville, où se trouve mon château.

Le jeune homme s'inclina en rougissant et balbutia quelques paroles, pendant qu'un murmure flatteur s'élevait autour de lui. Certes, le jeune artiste était habitué à recevoir partout un bienveillant accueil; mais, en ce moment, il était en quelque sorte l'objet d'une ovation ; il en fut interdit et troublé.

— C'est trop d'empressement, pensa-t-il ; une si vive amitié ne peut pas être sincère.

Cette idée l'attrista profondément et diminua le plaisir qu'il éprouvait à revoir mademoiselle Velleroy dont il surprit plusieurs fois, arrêté sur lui, le regard plutôt curieux que sympathique.

Après le dîner, lorsqu'on revint au salon, Philippe Varinot put enfin saisir l'occasion de s'asseoir à côté de mademoiselle Velleroy. La jeune fille parut embarrassée et ils restèrent un instant silencieux. Autour d'eux, tout le monde causait.

— Monsieur Varinot, dit enfin Marguerite, il y a bientôt quatre ans que nous n'avons pas eu le plaisir de vous voir.

— C'est vrai, mademoiselle.

— Ce temps a été bien employé par vous; vous avez beaucoup travaillé et je comprends qu'il ne vous ait pas été possible de faire un voyage à Charville. Paris est le théâtre de vos succès, le village n'a sans doute plus aucun attrait pour vous.

— J'aime toujours Charville, mademoiselle; j'y suis né et je n'oublie pas que je suis le fils du père Varinot.

— Est-ce que vous irez cette année?

— Oui, mademoiselle; j'irai embrasser mon vieux père et mon frère, et serrer la main de mes amis d'enfance.

— Alors, nous nous reverrons à Charville; mon père pense pouvoir quitter Paris dans quelques jours. Il a été très sensible à l'honneur que vous lui avez fait en acceptant son invitation.

— L'honneur est pour moi, mademoiselle. D'ailleurs, j'aurais été bien ingrat si j'eusse oublié l'amitié qu'il m'a témoignée à Charville.

— Vous avez une bonne mémoire, monsieur Varinot, dit la jeune fille.

— Celle du cœur, mademoiselle.

— Vous devez bien m'en vouloir, reprit-elle d'une voix émue, de certaines paroles tombées de mes lèvres et que vous avez entendues?

— Oh! cela, je l'ai oublié, répondit-il en souriant. Je ne veux plus me souvenir que de l'intérêt que vous m'avez témoigné, du bien que vous m'avez fait.

Elle le regarda avec surprise.

— Le bien que je vous ai fait? reprit-elle en pâlissant légèrement.

— Oui, et laissez-moi vous remercier et vous exprimer ma vive reconnaissance.

Cette fois, ce fut du rouge qui monta aux joues de mademoiselle Velleroy. Elle se demanda si, en lui parlant ainsi, le jeune homme n'avait pas une intention railleuse. Elle était fort troublée.

— Grâce à vous, continua-t-il, ma maladie ne s'est pas prolongée, j'ai recouvré mes forces et j'ai pu terminer mes tableaux avant l'époque fixée.

— Vous avez donc été malade? s'écria Marguerite sans réflexion.

Le jeune homme tressaillit.

— Comment, se dit-il, elle ne sait pas que j'ai été malade? Alors ce n'est pas elle. Mais qui est-ce donc?

Son visage s'assombrit.

— Oui, répondit-il; au commencement de cette année j'ai fait une longue maladie; il paraît même que mes jours ont été en danger.

Et il changea de conversation.

Un instant après, une vieille dame ayant appelé Marguerite, la jeune fille se leva pour aller s'asseoir près d'elle. Philippe profita de l'incident pour se disposer à partir.

— Quoi! vous nous quittez déjà? lui dit M. Velleroy en venant à lui.

— Avec beaucoup de regret, monsieur, mais je suis obligé de rentrer de bonne heure.

— Vous n'oublierez pas, je l'espère, que nous sommes amis et que je serai toujours heureux de vous recevoir.

— Je pense avoir l'honneur de vous voir à Charville cet été, répondit le jeune homme.

— Venez donc, cher ami, au château vous serez chez vous.

Philippe mit sa main dans celle que lui tendait M. Velleroy, puis il sortit.

— Ainsi, je me suis trompé, se disait-il en gagnant le boulevard Poissonnière, ce n'est pas Marguerite. Où chercher, maintenant ? Comment trouver ces deux femmes qui ont acheté mon tableau et à qui je devrai peut-être ma fortune?

Plus que jamais, les deux mystérieuses inconnues occupaient sa pensée tout entière. Il oubliait mademoiselle Velleroy.

Au coin du faubourg Montmartre, une petite fille de dix à douze ans se plaça tout à coup devant lui. Elle était jolie, mais pâle, maigre et pauvrement vêtue ; on lisait la souffrance dans son regard timide et ses traits fatigués. Elle avait à son bras un petit panier d'osier aux bords évasés. C'était une de ces pauvres petites marchandes de fleurs qu'on rencontre à chaque pas dans les promenades publiques dès qu'arrive le mois de mai.

— Monsieur, dit-elle d'une voix douce et craintive, achetez-moi un bouquet de violettes ou un joli bouton de rose.

Philippe l'éloigna doucement et continua son chemin. L'enfant revint se placer près de lui

— Monsieur, dit-elle d'une voix attristée, je vous en prie, prenez-moi une jolie rose, cela vous portera bonheur.

Cette fois, le jeune homme s'arrêta et regarda la petite marchande qui était toute tremblante. Il se sentit ému.

— Voyons, fit-il avec bonté, montre-moi tes jolies fleurs.

L'enfant lui présenta son panier en disant :

— Choisissez.

— Non, dit-il, choisis pour moi, et donne-moi le bouquet que tu préfères,

— Alors, voilà celui que j'aime le mieux, monsieur, ce sont des violettes blanches.

Philippe éprouva un saisissement extraordinaire. Il retrouva aussitôt un souvenir perdu. Dans sa pensée, il se revit à Charville, devant la petite maison de M. Thériot, au moment où Adeline lui offrait un bouquet de violettes semblable à celui que lui présentait la petite marchande. Qu'était-il devenu, le bouquet d'Adeline, qu'il avait promis de conserver toujours ?

Il tira un louis de sa poche, le mit dans la main de l'enfant et s'éloigna rapidement emportant le bouquet de violettes.

Il rentra chez lui très agité.

Il trouva sur la table de sa chambre à coucher une demi-douzaine de cartes de visite et deux lettres arrivées dans la soirée. L'une des lettres, dont il reconnut facilement l'écriture, était de son père. Il l'ouvrit avec empressement. Voici ce que lui écrivait le fermier :

« Mon cher fils,

» Je commence aujourd'hui ma lettre, mais je » n'ai plus de bons yeux ; j'écris bien lentement, » et ce n'est guère que dans quatre ou cinq jours » que tu pourras la recevoir. Nous avons appris

» ton succès par M. le curé et madame de Civry, » qui lisent les gazettes. Presque tous les jours ils » venaient à la ferme pour nous raconter toutes » les belles choses que les gazettes disaient de toi. » Juge combien nous étions heureux.

» Le jour que ta lettre est arrivée, M. le curé li- » sait aussi dans son journal que tu venais de re- » cevoir la croix. Il est accouru tout de suite pour » nous faire voir l'article imprimé. Je lui ai montré » ta lettre et en lisant il s'est mis à pleurer, si bien » que ton frère et moi nous avons fait comme lui.

» Mon cher fils, depuis ce jour-là nous sommes » dans le ravissement, je suis comme un fou ; il » me semble que je suis rajeuni de vingt ans. Ah! » il faut que le bon Dieu m'aime bien, puisqu'il me » donne une si grande joie dans ma vieillesse.

» Nous avons eu beaucoup de visites; il est bien » venu deux cents personnes à la ferme pour nous » parler de toi. Aujourd'hui encore, j'ai été dérangé » trois fois en t'écrivant. A Charville et aux alen- » tours on ne s'entretient que de toi. Les gens » d'ici ne disent plus que tu es un fainéant, un » fou. Il y a peut-être bien encore des jaloux, mais » ils n'osent pas le faire voir. Par exemple, ceux » de notre famille sont heureux comme ton frère » et ton père. Jacques voulait faire le voyage de » Paris exprès pour t'embrasser. Mais je ne suis » plus propre à grand'chose, ton frère est seul au- » jourd'hui pour tout diriger, pour tout faire ; il a » compris qu'il ne lui était pas possible de s'éloi- » gner de la ferme en ce moment, surtout, où il » faut achever le sombre avant la fenaison.

» Du reste, tu nous promets de venir bientôt à
» Charville. Je t'assure que cette partie de ta lettre
» n'a pas été la moins agréable pour nous. Viens
» vite, mon cher fils, mon Philippe ; j'ai hâte de te
» serrer dans mes bras. Serait-elle heureuse, ta
» pauvre mère, si elle vivait encore ? J'aspire à ce
» jour où nous serons réunis. Tu n'es pas l'enfant
» prodigue, toi ; n'importe, nous tuerons le veau
» gras à ton retour. Il est à l'étable. Bien qu'il ait
» plus de six semaines, Jacques n'a pas voulu le
» sevrer pour qu'il soit meilleur. Il y a aussi dans
» la basse-cour une douzaine de poulets qui t'at-
» tendent pour être mangés. Le retour de mon enfant
» doit être une fête pour toute la famille. Ce jour-
» là, je veux que nos parents et nos amis mettent
» à sec la cave du vieux Varinot.

» Maintenant, je vais te gronder... Comment,
» Philippe, tu as été malade, dangereusement ma-
» lade, puisque tu as failli mourir, et tu ne nous
» l'as pas fait savoir ! Cela n'est pas bien ; tu de-
» vais nous appeler. Tout vieux et infirme que je
» suis, j'aurais trouvé assez de force pour courir
» près de toi. Tu ne nous dis point cela dans tes
» dernières lettres, et si nous le savons, c'est par
» le grand Claude, qui l'a appris hier à Grignan.
» M. Percier, le notaire, le lui a dit en causant. Le
» notaire a dû être renseigné par sa sœur, qui ha-
» bite Paris, ou par la petite Adeline Thériot, qui
» est revenue à Grignan depuis une huitaine, après
» avoir été passer quelques mois dans la capitale,
» chez la sœur de M. Percier.

» Je crois avoir oublié de te marquer que le père

» Thériot est mort en novembre dernier. C'est le
» notaire de Grignan qui plaçait son argent et fai-
» sait toutes ses affaires. M. Percier est aussi le
» parrain d'Adeline ; il l'a prise chez lui afin de lui
» servir de père jusqu'au jour où elle trouvera un
» mari, ce qui ne sera pas difficile, car elle est
» sage, bien élevée, instruite, jolie et riche.

» Il me reste juste la place pour te dire que je
» t'embrasse de tout mon cœur et que nous t'atten-
» dons avec impatience.

» Ton vieux père,

» MICHEL VARINOT. »

La fin de cette lettre était une révélation pour Philippe. Son père venait de lui dévoiler le mystère qui l'avait si longuement préoccupé.

Il se leva brusquement, essuya ses yeux pleins de larmes et entra dans son atelier. Pendant vingt minutes il fouilla partout, vidant successivement plusieurs cartons remplis de dessins, d'esquisses et de croquis. Enfin, entre deux paysages crayonnés à Charville, il trouva ce qu'il cherchait, le bouquet de violettes blanches donné par Adeline. Les tiges sèches étaient encore réunies par un fil. Le jeune homme prit délicatement le bouquet fané, le posa sur une feuille de papier blanc et revint dans sa chambre. Il s'assit près de la table, appuya dans ses mains son front brûlant et resta immobile, livré à ses pensées. Enfin, ne pouvant plus contenir son émotion :

— Oh ! oh ! oh ! fit-il.

Et il éclata en sanglots.

VIII

Trois jours plus tard, dans l'après-midi, un cabriolet de louage traversa au grand trot le village de Charville et alla s'arrêter devant la ferme du père Varinot. Le vieillard fumait sa pipe, assis sur un chêne équarri, prêt à être livré aux scieurs de long.

Un jeune homme s'élança lestement hors de la voiture. Le vieux fermier poussa un cri. Sa pipe s'échappa de ses lèvres, tomba sur le pavé et se brisa. Il n'eut que le temps de se lever et d'ouvrir les bras pour recevoir son fils.

— Je t'ai reconnu, je t'ai reconnu tout de suite, mon cher enfant, dit-il en pleurant de joie.

Et tremblant d'émotion, ivre de bonheur, il embrassait son cher Philippe et le pressait fortement dans ses bras.

— Jacques, Jacques, arrive donc, cria-t-il, c'est Philippe, c'est ton frère !

Jacques n'était pas loin ; il entendit la voix de son père et accourut aussitôt.

Les deux frères tombèrent dans les bras l'un de l'autre.

— Comme c'est bon de voir ses deux fils qui s'embrassent! murmura le fermier.

On entra dans la maison.

Sur un signe de Jacques, deux servantes disparurent, après avoir fait une révérence au second fils de leur maître.

Philippe éprouvait une joie indicible en se retrouvant sous le toit paternel, au milieu de ses souvenirs de jeunesse.

Chaque objet qu'il revoyait, occupant la même place, augmentait son ravissement. Sa main tremblante se posait sur les vieux meubles ; il les saluait du regard et leur souriait comme à des amis qu'on est heureux de revoir.

La vieille horloge sonna ; il en reconnut le timbre, comme le soir, à l'heure de l'*Angelus*, il devait reconnaître le son des cloches de la vieille église.

Ses yeux, mouillés de larmes, s'arrêtèrent sur un Christ d'ivoire. C'est là, devant cette image, lorsqu'il était enfant, qu'il avait appris à prier, à genoux à côté de sa pieuse mère.

Il voulut voir toute la maison. Conduit par son frère, qui semblait partager son plaisir, il la visita de la cave au grenier.

Il entra dans sa petite chambre. Il la retrouva telle qu'il l'avait laissée, toujours propre, toujours gaie ; quelques-uns de ses premiers dessins étaient restés collés au mur. Le vieux chèvrefeuille formait toujours autour de la fenêtre un encadrement de verdure et de fleurs en corymbe.

— Maintenant, dit Jacques, si tu le veux, je te montrerai les écuries.

Brave Jacques ! les écuries, c'était sa gloire à lui !

— Voyons les écuries, mon frère, répondit gaiement Philippe.

Dans la première, le jeune peintre ne put retenir un cri d'admiration à la vue de douze superbes vaches.

— Ainsi, tu es content, fit Jacques, avec une certaine fierté, tu vois que j'ai travaillé et que je n'ai pas laissé tomber en ruine ton héritage.

— Le tien, mon cher Jacques.

— Le nôtre, si tu veux. Chaque fois que je les regardais dans le pré, ces belles et bonnes bêtes, je me disais : ce sont des modèles pour mon frère Philippe. A elles douze, elles donnent chaque jour un tonneau de lait. Pour qu'elles soient bien soignées, j'ai pris une deuxième servante ; moi, je m'occupe de mes chevaux. Regarde, voilà les deux vieilles mères.

— Je les reconnais, dit Philippe : Rosette et Noirotte.

— Tu as bonne mémoire, reprit Jacques. Quand tu es parti, elles étaient quatre; j'en ai vendu deux, ce qui n'empêche pas qu'elles sont douze aujourd'hui, sans compter quatre belles génisses, qui viendront prendre la place de quatre de celles-ci, quand nous les aurons vendues à la veille de l'hiver. C'est en vendant un peu chaque année, que le père a pu acheter depuis quatre ans cinq hectares de bonne prairie. Cela nous donne du fourrage pour nous permettre de nourrir maintenant quarante bêtes. Le fumier ne manquera plus chez nous. Les terres, mieux amendées, produiront davantage en ne demandant pas plus de travail. Autrefois, nous avions cinquante moutons; il y a deux ans, j'ai dû prendre un berger. Tu verras le troupeau ce soir, quand il reviendra des champs: plus de deux cents têtes, de magnifiques brebis mérinos. Le père a fait un marché avec un filateur du département, qui vient enlever les laines le lendemain de la tonte. Outre le produit des laines et de la vente des moutons gras, le troupeau nous sert encore à engraisser nos prés et nos terres, car je le fais parquer souvent. Enfin, grâce à ces améliorations, d'ici à quelques années, la ferme aura triplé de valeur. Seulement, il ne faut pas de mortalité. Mais depuis trois ans que j'ai fait le pavage des écuries, nous n'avons pas eu une perte sérieuse. Comme tu le vois, j'ai fait agrandir les ouvertures; il faut de l'air aux animaux; de l'air et une litière abondante et toujours fraîche, voilà leur santé.

Philippe écoutait ces explications avec le plus vif intérêt.

— Vois-tu, continua Jacques, c'est pour toi que j'ai travaillé; ma pensée ne te quittait pas, et chaque fois que je réussissais à quelque chose, je me disais: c'est mon frère qui me porte bonheur.

— Oh! Jacques, excellent cœur! dit le peintre en serrant son frère dans ses bras.

Ils étaient sortis des écuries et marchaient dans une des allées du jardin.

— Les artistes sont longtemps pauvres, reprit Jacques; il y en a même, dit-on, qui le sont toujours. Quoi qu'il arrive, tu ne connaîtras pas la misère; je suis fort, j'ai de bons bras et tu as ici une petite fortune. Bientôt, tu te marieras; j'ai pensé à cela; pour ce jour-là, à ton intention, j'ai placé six mille francs, qui sont à moi. Le père le sait; il croit que j'aime l'argent, que je suis avare; il ignore l'usage que j'en veux faire.

Cette fois, Philippe ne put retenir ses larmes. Certes, il n'avait jamais douté de la profonde amitié de son frère; mais il ne s'attendait pas à trouver en lui tant de sollicitude, une si complète abnégation.

— Jacques, dit-il en souriant, puisque tu viens de parler de mariage, je te ferai remarquer que tu es mon aîné et que tu dois me montrer l'exemple.

— Oh! moi, fit Jacques, je ne me marierai jamais.

— Jamais! pourquoi cela?

— Je n'en sais rien. Probablement parce que la pensée ne m'en est jamais venue.

— Cette bonne pensée te viendra, mon frère; tu n'as pas encore trente-deux ans.

— L'âge ne fait rien à cela, quand l'idée n'y est pas. Écoute, Philippe, entourer d'aisance la vieillesse de notre vieux père; enrichir notre maison, pour toi et les petits neveux que j'aurai un jour, voilà mon rêve. Après cela, que me faut-il pour être heureux? Je ne ressemble pas à tout le monde, je le sais. Que veux-tu? je suis fait ainsi. Voir nos écuries pleines de bêtes bien portantes, avoir, quand je passe dans nos prés, de l'herbe jusqu'au-dessus des genoux, regarder pousser nos blés et, quand ils sont mûrs et plus hauts que moi, les abattre à grands coups de faux, c'est pour moi le bonheur.

— Je ne suis pas convaincu, répliqua le peintre; tu te marieras un jour parce que c'est une nécessité, un devoir de la vie.

A ce moment, le père Varinot appela ses fils.

Le veau gras fut tué le jour même. Le lendemain, qui était un dimanche, il y eut à la ferme un grand dîner de cinquante couverts. Tous les parents et quelques amis choisis avaient été conviés à ce festin donné par le père Varinot pour fêter le retour de son fils à Charville.

On but beaucoup, comme on boit au village, sans mettre de l'eau dans son vin. Cependant, grâce à la présence du bon vieux curé de Charville, que tout le monde respectait et aimait, les choses se passèrent d'une façon très convenable. Il y eut seulement excès de gaieté.

Le lundi matin, Philippe eut avec son père un long entretien. Quand le vieillard sortit de sa chambre, il était habillé comme les jours de grande fête. Il appela un garçon de ferme et lui donna l'ordre d'atteler à sa carriole le meilleur cheval de son écurie.

— Où donc allez-vous, mon père ? lui demanda Jacques.

— Tu es bien curieux, lui répondit-il en souriant ; je vais faire une visite au notaire de Grignan.

— Un placement à faire ?...

— Ton frère t'expliquera ça tantôt.

Au moment du départ du fermier, Philippe lui remit une petite boîte en disant :

— Quand vous aurez causé avec M. Percier, mon père, vous le prierez de vouloir bien remettre ceci à mademoiselle Thériot.

— Un cadeau ! fit le vieillard avec surprise, ne te hâtes-tu pas un peu trop ?

Philippe ouvrit la boîte en souriant et montra à son père des violettes blanches fanées.

M. Velleroy et sa fille étaient depuis huit jours à Charville. Le neveu de M. Velleroy, le cousin que nous connaissons, les avait accompagnés. Un matin, après le déjeuner, on parla de Philippe Varinot.

— Depuis la visite de politesse qu'il nous a faite le lendemain de notre arrivée, nous ne l'avons pas revu, dit M. Velleroy ; c'est singulier.

— Ce monsieur a fait assez rapidement son chemin, reprit le cousin d'un air ennuyé.

— Oui, répliqua vivement Marguerite ; et celui que vous appeliez autrefois un héros d'idylle est devenu un homme des plus distingués et un artiste d'un grand mérite.

— Chevalier de la Légion d'honneur à vingt-six ans, ajouta M. Velleroy.

— Qu'est-ce que cela prouve? fit le jeune homme avec humeur.

— Cela prouve que M. Philippe Varinot a un grand talent et qu'il est aujourd'hui, déjà, une des illustrations de notre pays.

— Bast! aujourd'hui, on décore tout le monde.

— Vous ne l'êtes pas encore, mon cousin.

— Moi, je ne suis pas un barbouilleur de toiles, un faiseur de paysages, comme l'illustre Varinot de Charville.

— C'est vrai, mon cousin, répliqua la jeune fille d'un ton moqueur ; vous n'avez pas besoin de travailler, vous ; vos quinze mille francs de rente vous donnent le droit d'être un inutile.

Le cousin se mordit les lèvres.

— En vérité, ma chère cousine, reprit-il, je ne comprends pas votre enthousiasme pour M. Varinot, et moins encore vos paroles désobligeantes. Est-ce que le Némorin d'autrefois a trouvé son Estelle ?

Le visage de mademoiselle Velleroy devint pourpre. Elle se leva et répondit d'un ton sec :

— Si M. Philippe Varinot me demandait en mariage, je serais fière de l'accepter pour mari.

— M. Philippe Varinot est un jeune homme plein d'avenir, dit M. Velleroy ; je serais heureux de l'avoir pour gendre.

A ce moment, un domestique entra dans le salon et remit une lettre à son maître.

M. Velleroy l'ouvrit aussitôt et, après l'avoir lue, la tendit silencieusement à sa fille.

Voici ce qu'elle contenait :

« Monsieur Michel Varinot, cultivateur à Charville, a l'honneur de vous faire part du mariage
» de son fils, Monsieur Philippe Varinot, artiste
» peintre, chevalier de la Légion d'honneur, avec
» Mademoiselle Adeline Thériot. »

LA JOUE BRULÉE

I

Il avait vingt-cinq ans. André était son nom. Fils d'un cultivateur aisé, et bien que n'ayant jamais foulé l'asphalte des villes, il y avait en lui quelque chose du citadin : aisance dans les mouvements, souplesse du corps, manières distinguées.

Ses mains, habituées à manier les instruments aratoires, étaient petites néanmoins. Il avait la taille élancée et bien proportionnée ; ses épaules, que des fardeaux trop pesants n'avaient jamais fatiguées, ne montraient point cette carrure, souvent exagérée de la plupart de nos paysans-laboureurs.

Son teint rose et frais avait résisté au soleil qui bronze les visages et au hâle qui les ride. Une forêt de cheveux châtain clair couronnait son front élevé, uni comme un marbre poli. Ses grands yeux bleus, rêveurs et pleins de pensées, étonnaient par leur éclat, attiraient par leur douceur. Sa physionomie était grave, réfléchie, mais en même temps sympathique et bienveillante.

S'il ne riait pas à propos de tout, et même à propos de rien, sa bouche, peu habituée au pli du sourire, n'avait jamais connu celui du dédain.

Pour tout le monde André se montrait bon, affectueux, serviable, dévoué. Toujours disposé à venir en aide aux autres, il s'oubliait souvent lui-même. Se rendre utile et agréable au plus grand nombre était considéré par lui comme un devoir dans l'accomplissement duquel il trouvait son plus grand plaisir.

II

Quelque incomplet que soit le portrait que nous venons d'esquisser, nos lecteurs comprendront sans peine pourquoi de gracieux sourires et de chaudes poignées de main accueillaient André partout où il se présentait, pourquoi il était estimé et aimé de tous, pourquoi bien des mères l'eussent voulu pour gendre, pourquoi, enfin, la gentille Huguette se redressait fièrement à son bras, lorsque le dimanche, après les vêpres, il la conduisait à la danse.

Huguette était la fiancée d'André. Tous les accords étaient faits. Le fermier Jubelin, le père d'André, devait céder sa ferme à son fils. Le mariage des jeunes gens était fixé à la fin d'août, après la fête de Notre-Dame et la récolte des moissons. Tous deux attendaient impatiemment, et André trouvait que les blés ne mûrissaient pas assez vite.

Huguette et André se convenaient sous tous les rapports : la fortune des parents était à peu près égale ; au village c'est toujours le point capital. De plus, si André était le plus beau garçon de l'endroit, Huguette était aussi la plus gracieuse et la plus jolie.

Si l'on eût voulu établir une différence entre eux, physiquement, il eût été impossible de la trouver ; mais entre le cœur d'André et celui de la jeune fille, elle était grande : le cœur de celle-ci froid, sec et égoïste, ressemblait peu au cœur de de l'autre, bon et généreux jusqu'à l'excès.

Huguette, il faut bien le dire, n'aimait pas André pour une seule de ses belles qualités ; elle l'aimait, surtout, parce que sa vanité de jeune fille y trouvait sa satisfaction ; elle l'aimait parce que tout le monde le vantait et le trouvait très bien, parce que la plupart des jeunes filles du village enviaient son bonheur, et un peu aussi, peut-être, parce qu'elle était sincèrement aimée.

Du reste, elle n'eût pas été femme si son cœur, sollicité par une affection grande et dévouée, était resté complètement froid et insensible.

André, confiant comme tous ceux qui donnent leur vie tout entière à une affection unique, n'avait pas eu de peine à s'illusionner sur la nature du sentiment de sa fiancée. Ainsi que lui, tout le monde s'y trompait. Mais André ne voyait qu'avec les yeux du cœur, et le monde, qui se donne rarement la fatigue d'observer, ne voyait rien.

Une seule personne, une jeune fille, avait peut-être lu dans le cœur et la pensée de la trop charmante Huguette, car elle aussi aimait André, et un peu d'envie, un peu de jalousie et beaucoup de regrets lui suggérèrent de sérieuses réflexions.

Mais, timide et craintive, la pauvre dédaignée enfouissait son secret au plus profond de son cœur. Elle était peu exigeante : un seul regard, d'André lui suffisait. Ce regard, qu'elle ne sollicitait jamais, et que cependant elle désirait comme la fleur désire les rayons du soleil, ce regard faisait revivre en elle les plus douces illusions et peuplait son cerveau de gais murmures et de joyeuses chansons.

Si par hasard André avait oublié de lui dire bonjour en passant, elle devenait triste ; toutefois, elle finissait par se consoler en pensant à lui. Mais si, le dimanche, André ne l'avait point fait danser, son bonheur et ses joies de toute une semaine s'envolaient.

Baissant les yeux et rougissante quand le jeune homme lui adressait la parole, elle n'osait le regarder que lorsqu'il s'était éloigné d'elle ; et pourtant deux larmes noyaient ses yeux dès que sa voix ne résonnait plus à son oreille.

Alors, le front rêveur, n'entendant et n'écoutant plus rien de ce qui se disait autour d'elle, elle se détournait des groupes joyeux, s'isolait ou s'en allait bien loin pour ne pas voir André offrir en souriant son bras à sa fiancée.

La marguerite des prés, qu'elle effeuillait souvent, dut lui mentir bien des fois ; n'importe, elle aimait superstitieusement la fleur discrète qui lui parlait si bien d'André et recevait complaisamment toutes ses confidences de jeune fille.

Si par sa beauté et grâce à la fortune de son père, Huguette était la première parmi les jeunes filles du village, comme son fiancé était le premier au rang des jeunes gens, Marie, ainsi se nommait sa rivale, était la seconde.

Blonde comme un épi mûr, jeune et fraîche comme une rose qui vient de s'épanouir, la beauté de Huguette seule pouvait l'emporter sur la sienne. Mais ce qui rendait, surtout, la beauté de l'une supérieure à celle de l'autre, plus accentuée, plus piquante, c'est que Huguette se savait belle et que Marie l'ignorait ; nul ne l'avait dit à celle-ci, tout le monde le disait à la première.

La fleur modeste, qui fleurit dans l'herbe, se flétrit souvent sans avoir été aperçue ; l'églantine suspendue au buisson attire tous les regards.

Sourires, louanges, caresses et hommages semblaient appartenir de droit et exclusivement à Huguette. Marie restait ignorée et oubliée.

III

Un matin, vers une heure, le silence de la nuit fut troublé tout à coup par les cloches de la paroisse sonnant à grandes volées ; leurs voix éclatantes et lugubres se répandaient dans l'air, faisaient entendre au loin leurs clameurs immenses, et arrachaient au repos les villageois endormis.

En un instant les lits furent abandonnés et les maisons désertes.

Les cris : « Au feu ! au feu ! au feu ! — retentirent de toutes parts.

Une des plus riches fermes du village brûlait.

Des colonnes de feu s'élançaient des toits effondrés et montaient verticalement vers le ciel, dont l'azur prenait des teintes rougeâtres.

Des morceaux de bois enflammés, semblables à des fusées, étaient projetés à une hauteur prodigieuse ; on les voyait tracer dans la nuit une ligne de feu avant de tomber ensuite à une grande distance.

A la lueur sinistre de l'incendie, qui éclairait les maisons, les rues et au loin toute la contrée, on voyait la population épouvantée s'agiter et courir en poussant des cris horribles, auxquels se mêlaient le craquement des poutres qui se brisaient, le pétillement du feu, le ronflement des flammes, les hurlements des chiens et les mugissements des bêtes à cornes.

Dans une de ses lettres, madame de Sévigné a trop spirituellement décrit les costumes de quelques personnages de son temps, assistant à un incendie, pour que nous nous hasardions à faire ici des descriptions analogues.

Du reste, nos paysans avaient bien autre chose à faire qu'à se préoccuper de la manière plus ou moins grotesque dont ils étaient vêtus.

En présence du sinistre, chacun songeait à offrir ses bras à celui des leurs que le malheur venait frapper.

André arriva un des premiers devant la maison incendiée où un spectacle émouvant l'attendait.

Une femme et une jeune fille, demi-nues, le visage bouleversé, les cheveux épars tombant sur leurs épaules, les yeux hagards, folles de douleur et de terreur, sanglotaient et poussaient des plaintes affreuses en se tenant étroitement embrassées.

— Sauvez mon mari ! sauvez mon mari ! criait la femme.

La jeune fille reprenait :

— Mon père va périr ! sauvez mon père !

Les yeux des assistants se tournaient du côté de la maison, qui était déjà un brasier, et personne ne bougeait.

Alors la pauvre femme reprenait avec plus de force :

— Vous le laisserez donc mourir ? Vous voulez donc que je sois veuve et que ma fille n'ait plus de père ?...

Et l'enfant, joignant ses mains, ajoutait d'une voix suppliante :

— Rendez-moi mon père ! ayez pitié de nous !...

Parmi tous les hommes présents, les plus courageux répondaient :

— Il est trop tard ; nous nous brûlerions sans pouvoir le sauver !

André questionna rapidement ceux qui l'entouraient.

On lui apprit que le fermier, après avoir transporté sa femme et sa fille loin du danger, avait voulu pénétrer une dernière fois dans sa maison pour y prendre des papiers importants et probablement aussi l'argent et les valeurs qui s'y trouvaient. Plus d'un quart d'heure s'était écoulé et il n'avait pas reparu.

Ces renseignements suffisaient à André, qui connaissait parfaitement la distribution du logement du fermier.

Il n'hésita pas un seul instant: emporté par son courage et surtout par son cœur, il s'élança dans la fournaise, pendant qu'un frémissement de terreur mêlé d'admiration courait parmi les spectateurs.

L'attente fut anxieuse, cruelle pour tout le monde. Les cœurs cessaient de battre dans les poitrines, le sang se figeait dans les veines. Un silence effrayant succédait aux cris qui retentissaient un instant auparavant.

Deux minutes s'étaient à peine écoulées lorsqu'on vit reparaître le jeune homme, portant dans ses bras un corps inanimé.

Une immense exclamation de joie l'accueillit.

Il s'avança lentement et vint déposer son précieux fardeau aux pieds des deux femmes.

— Mort ! s'écrièrent-elles avec désespoir.

— Non, répondit André, son cœur bat toujours, l'asphyxie n'est pas complète ; il n'est qu'évanoui.

Un instant après, ranimé au contact du grand air, le fermier rouvrit les yeux.

Alors, la mère et la fille s'emparèrent des mains d'André et, en les baisant, les mouillèrent de leurs larmes.

Le jeune homme se dégagea doucement.

— Maintenant, dit-il, permettez-moi d'aller me faire panser.

Les deux femmes s'aperçurent seulement alors que sur la partie gauche du visage d'André, il y avait une large brûlure.

La jeune fille fit entendre un sourd gémissement et s'affaissa sur elle-même.

— Marie, ma fille ! s'écria la mère, qu'as-tu donc ?... Mon Dieu, elle se trouve mal !...

Quelques jours après, sur le sol calciné et chaud encore, une vingtaine de maçons travaillaient à la reconstruction de la ferme.

Le feu n'avait laissé debout que deux pans de mur, encore étaient-ils horiblement crevassés. Toutefois, les pertes étaient beaucoup moins importantes qu'elles ne l'eussent été, par exemple, deux mois plus tard, alors que, les récoltes faites, les granges et les greniers sont remplis.

D'ailleurs, l'immeuble était assuré, et la compagnie se chargeait de tous les frais de la bâtisse.

Les bestiaux avaient été heureusement sauvés. Un voisin les reçut dans ses écuries, qu'il offrit spontanément au fermier incendié. Un autre habitant du village mit à sa disposition, pour lui et sa famille, la moitié de son habitation.

Le paysan est naturellement égoïste et presque toujours avare ; mais il est des infortunes qui le touchent vivement et ont même l'influence de le rendre momentanément généreux.

Le malheur dont venaient d'être frappés les parents de Marie, malheur que les paysans redoutent sans cesse et qui peut les atteindre indifféremment, leur communiqua un magnifique élan de fraternité.

IV

Dès le lendemain du sinistre une collecte fut faite dans la commune, et pas un ménage ne manqua d'apporter son offrande. En outre, les principaux propriétaires s'entendirent entre eux et envoyèrent à la fermière du linge et autres objets de première nécessité en assez grande quantité. Enfin, tous les dons réunis, les pertes causées par le feu se trouvèrent presque entièrement réparées.

La première sortie de la fermière et de sa fille, lorsqu'elles furent à peu près remises de toutes leurs émotions, fut consacrée à une visite chez le père d'André.

Après avoir remercié Dieu, qui les avait prises en pitié, il était bien naturel qu'elles songeassent à témoigner leur vive gratitude au jeune homme courageux qui leur avait rendu, en risquant sa vie, à l'une son mari, à l'autre son père.

André, que la fièvre retenait forcément dans son lit, les accueillit cependant avec gaieté.

— Il prend son mal en patience, dit le père Jubelin aux visiteuses ; la fièvre l'a beaucoup affaibli. Ah ! dame, le feu ne l'a pas épargné.

— Vous devez horriblement souffrir, monsieur André ? dit la fermière.

— Presque plus maintenant, madame, répondit le jeune homme.

— Ne le croyez pas, répliqua le père, il souffre, au contraire, comme un damné de l'enfer... Mais mon garçon n'est pas une poule mouillée, un douillet, il aimerait mieux mourir plutôt que de se plaindre. Il a toujours eu l'air souriant que vous lui voyez, le mal n'a pu lui enlever sa gaieté; il cause, il rit, je crois même qu'il lui prend parfois des envies de chanter; je l'ai rarement vu d'aussi belle humeur... On comprend cela, le contentement de soi-même, le bonheur d'avoir sauvé la vie à un honnête homme ! André a un grand cœur; il est bon, il est brave, prêt à se jeter dans le feu pour quelqu'un; — il l'a suffisamment prouvé — je ne crains pas de le dire bien haut, André est mon orgueil, oui, je suis fier de mon fils !

— Et jamais orgueil et fierté n'ont été plus légitimes, monsieur Jubelin.

— Que voulez-vous? chacun de nous a ses faiblesses; aimer ses enfants est si naturel !...

— Oh ! oui, et même les aimer trop, monsieur Jubelin. Ah ! ils ne savent jamais tous les chagrins et toutes les joies qu'ils causent à leurs parents !

— En revanche, ils n'ignorent pas qu'ils peuvent toujours compter sur notre affection.

Le père Jubelin eut un de ces bons sourires qui n'appartiennent qu'aux pères.

— Voilà déjà huit jours que M. André est alité, reprit la fermière; le médecin croit-il pouvoir le guérir vite?

— Ce sera long. Et puis, tout le mal n'est pas là, malheureusement.

— Que voulez-vous dire, monsieur Jubelin?

— Demandez-le à André.

La fermière se tourna vers le jeune homme.

— Le docteur, dit-il en souriant, prétend qu'il me restera sur la figure une marque qui se gardera bien de l'embellir.

Marie poussa un gémissement et ne put retenir ses larmes.

— Monsieur André, reprit la fermière, le médecin se trompe peut-être ; il faut espérer que cela ne sera pas.

— J'espérerais d'autant plus volontiers, répondit le jeune homme , si l'espoir m'était permis, qu'il est peu réjouissant d'être laid, affreux peut-être et de montrer à tout le monde une joue brûlée.

— Et c'est pour nous, pour nous... Oh ! monsieur André... murmura la fermière.

Elle prit la main du jeune homme et la serra doucement dans les siennes.

Marie pleurait silencieusement, le visage voilé de ses mains.

Comment pourrions-nous rendre tout ce qui se passait en elle à cet instant ?

Ainsi, André, pour s'être dévoué, pour lui avoir conservé son père en l'arrachant à une mort épouvantable, André devait rester défiguré ! Elle ne croyait pas qu'elle pût avoir assez d'admiration pour lui. Si elle l'eût osé, elle serait tombée à genoux devant son lit et lui aurait dit :

« André, vous êtes mon frère ; André, je vous admire, je vous aime !... »

Il lui semblait que sa place, à elle, était au chevet du blessé, qu'à elle seule appartenait le droit de veiller sur lui, de voir ses souffrances, de l'encourager, de le consoler, de lui donner des soins.

André regarda la mère et la fille, puis s'adressant à son père :

— Vois, lui dit-il, en montrant Marie et sa mère, et dis-moi si j'ai le droit de me plaindre.

Du revers de sa main le vieillard essuya une larme.

Un instant après, lorsque André se retrouva seul avec son père, il lui dit :

— La visite de madame Michelin et de sa fille m'a fait plaisir.

— Elles te devaient bien cela; je les attendais.

— Avez-vous remarqué comme elles étaient émues ?

— Parfaitement. Marie pleurait.

— C'est une bien charmante jeune fille, mon père.

— Elle est, ma foi, aussi jolie que ta fiancée.

Le jeune homme sourit.

— La femme aimée, dit-il, est toujours la plus belle parmi toutes les autres.

— Du vivant de ta pauvre mère, j'ai toujours pensé ainsi.

— C'est égal, reprit le jeune homme après un moment de silence, Huguette ne vient pas me voir souvent. Elle est venue avec sa mère, le lendemain de l'incendie, et depuis nous ne l'avons plus revue.

— Huguette ne peut pas être toujours près de toi ; pour une jeune fille ce serait peu convenable. Attends que tu sois guéri... Bientôt nous ferons la noce.

V

Ce jour-là, le soleil s'était levé dans un ciel superbe; ses rayons avaient bu rapidement la rosée, et comme c'était un dimanche, jour de fête, les petits pieds des jeunes filles pouvaient courir sur l'herbe verte de la grande pelouse située à l'une des extrémités du village.

C'est sur cette place, gazonnée et fleurie de pâquerettes, que dansait habituellement la jeunesse villageoise, sous l'œil des mères de famille.

Deux rangées d'ormes séculaires, aux vastes ramures, au feuillage épais, épandaient sur la pelouse une ombre rafraîchissante.

Les cordes des violons, chantant sous l'archet, envoyèrent quelques-unes de leurs notes joyeuses aux oreilles d'André, qui se promenait seul et songeur dans le jardin de son père. Il releva la tête et sembla aspirer avec délices l'air pur et parfumé qui lui apportait l'harmonie d'un quadrille animé.

Il écouta pendant quelques instants, regardant les feuilles des arbres frissonner sous les caresses de la brise, et deux pinsons se poursuivre à travers les branches.

Mais bientôt un éclair jaillit de ses yeux et fit rayonner son front.

— Mes amis m'oublient, se dit-il; depuis plus d'un mois ils s'amusent sans moi. Aujourd'hui, je vais reparaître au milieu d'eux, je vais les surprendre. Et Huguette ! Ah ! elle ne se doute pas que ce soir je la ferai danser !

Il rentra dans sa chambre. En un instant il fit tomber l'appareil qui, depuis la nuit de l'incend e, recouvrait sa blessure.

Son premier mouvement fut de se regarder dans une glace.

Une cicatrice rose et légèrement violacée par endroits, s'étendait au milieu de la joue gauche jusqu'à l'oreille et à la naissance des cheveux sur le front. L'œil avait été respecté par le feu, et grâce à l'habileté du médecin, les chairs ne s'étaient ni creusées, ni plissées. Du reste, il était supposable que les teintes un peu vives de la brûlure disparaîtraient avec le temps, à mesure que la peau, mince et transparente, prendrait de la consistance.

— Ce n'est pas joli, pensa André, en faisant une légère grimace.

Puis, après un nouvel examen :

— Après tout, je pourrais être entièrement défiguré, borgne, aveugle même... J'ai donc toutes sortes de bonnes raisons pour me consoler. Du reste, en me regardant mieux, je me trouve un peu moins laid.

Il sortit sur ces mots et se dirigea du côté de la pelouse.

Nous ne dirons point le nombre des mains qui serrèrent les siennes ; il faudrait pour cela nommer tous ses amis, et ils étaient nombreux.

A son arrivée, les violons étaient restés sans voix ; les danseurs avaient déserté le quadrille pour accourir vers lui ; les deux ménétriers eux-mêmes s'étaient élancés du haut de leur planche, supportée par deux tonneaux, afin d'exprimer au jeune homme tout le plaisir qu'ils avaient de le revoir.

André fut extrêmement sensible à toutes ces marques d'amitié ; mais il était impatient de s'approcher de Huguette, qu'il venait d'apercevoir au milieu d'un groupe de jeunes filles.

Cependant, les musiciens s'étant de nouveau perchés sur leur estrade aérienne, on songea à reprendre les danses interrompues.

André, le cœur ému et le visage souriant, s'avança enfin vers Huguette. Mais, au lieu du sourire qu'il attendait, ce fut un regard froid qui l'accueillit.

Ce regard tomba sur son cœur comme un morceau de glace.

— Huguette, lui dit-il, je venais vous inviter pour le quadrille.

— C'est une valse qu'on va danser, répondit Huguette avec un mouvement d'impatience.

— Je ne le savais pas ; n'importe, je vous invite pour la valse.

— Vous venez trop tard, répondit sèchement la jeune fille ; je suis engagée.

Un nuage passa sur le front d'André. Il commençait à comprendre.

— Et après la valse ? reprit-il.

— J'ai promis pour toute la soirée.

— Ah ! fit André, essayant de sourire, vous ne m'attendiez pas, et... je comprends.

— C'est vrai, je ne vous attendais pas.

— Et je m'aperçois que j'ai eu tort de venir.

— En effet, monsieur André, vous n'auriez pas dû sortir encore, car vous n'êtes pas guéri.

— Vous croyez, Huguette?

— Cela se voit sur votre figure, répliqua la jeune fille en faisant une petite moue dédaigneuse.

Ces paroles cruelles frappèrent André en plein cœur. Il ne pouvait plus se faire aucune illusion, Huguette n'avait pas même pris la peine de lui cacher sa pensée ; il n'avait plus de fiancée.

La jeune fille lui tourna le dos brusquement et s'élança au bras de son cavalier, qui l'entraîna à la première mesure de la valse.

André, immobile, le regard ahuri et comme foudroyé, la suivit des yeux un instant; il la vit pencher sa tête sur l'épaule de son danseur et lui dire tout bas quelques mots. Au mouvement de ses lèvres, il crut deviner qu'elle disait :

« Ce pauvre André, il ne se doute pas, vraiment, qu'il est devenu laid à faire peur. »

Alors son cœur se serra et cessa de battre un instant; ses yeux, voilés, ne distinguaient plus les objets ; des sons indistincts, confus, résonnèrent à ses oreilles comme des plaintes. Il s'éloigna en chancelant et alla s'asseoir, plus loin, sur un petit tertre au pied d'un orme.

Là, ne croyant pas avoir à redouter aucun regard indiscret, il laissa tomber sa tête dans ses mains.

— Oh ! c'est affreux, murmura-t-il, mon bonheur est brisé !... Comme elle m'a parlé ! quelle froideur ! quel dédain ! Elle n'a pu trouver une seule bonne parole à me dire. Mais, en revanche, elle a bien su me faire comprendre que j'ai la joue brûlée, que je suis laid, que je suis devenu un objet de répulsion... Ainsi, pour elle, qui devait être ma femme, je suis aujourd'hui un malheureux qui lui fait horreur! Oh! j'aime encore mieux cela que de la pitié!... Huguette, Huguette, je ne savais pas que vous manquiez de cœur... Elle m'a repoussé, elle me fuit; elle me l'a fait comprendre, tout est fini entre nous, je ne dois plus penser à elle!

Ses yeux étaient remplis de larmes; il se retenait pour ne pas sangloter.

— Ce matin, reprit-il, mon père me disait encore: « Dans huit jours, je mettrai la faux dans mes blés; c'est dans trois semaines, André, que tu conduiras Huguette devant M. le maire et M. le curé. » Ne nous pressons plus tant de couper nos moissons, mon père; votre fils ne se marie pas.

Tout à coup, une main se posa doucement sur l'épaule du jeune homme.

André se redressa vivement; mais aussitôt son regard s'adoucit et ses traits s'animèrent.

Mademoiselle Michelin était près de lui.

— Bonjour, Marie, lui dit-il en lui tendant la main.

Marie, rouge comme une cerise mûre, mit sa main mignonne et toute peureuse dans celle d'André.

— Monsieur André, dit-elle d'une voix douce et tremblante, pourquoi vous éloignez-vous ainsi de tout le monde? pourquoi ne dansez-vous pas?

Il la regarda et répondit:

— Je n'ai pas le cœur à la joie, Marie.

— Alors, c'est pour cela que vous fuyez ceux qui s'amusent? reprit-elle tristement.

— Je ne fuis personne, Marie, répliqua-t-il vivement; seulement, je me suis aperçu que ma présence n'était pas agréable.

— Oh! vous ne dites pas cela pour vos amis, monsieur André.

— Mes amis! s'écria-t-il; puis-je savoir s'il m'en reste seulement un?

— Ah! monsieur André, c'est mal de douter ainsi.

— Vous me donnez tort, Marie, vous me donnez tort, parce que vous ne savez pas que mon cœur souffre et que j'ai le droit de me plaindre. Avez-vous vu Huguette?

— Elle est là, répondit la jeune fille d'une voix faible, elle danse.

— Oui, elle danse, elle se fait admirer, elle sourit à chaque compliment qu'on lui adresse; elle aime tant à entendre dire qu'elle est jolie! Sa coquetterie triomphe, elle est heureuse. Ah! il sera bien fou celui qui, trompé par un de ses regards, un de ses sourires, croira y voir l'image de son cœur! Son cœur! elle n'en a pas... Huguette n'a d'amitié pour personne, elle n'aimera jamais qu'elle-même.

— Vous la jugez mal, monsieur André; Huguette vous aime, vous.

— Moi! Je l'ai cru, je le croyais encore tout à l'heure; mais elle a eu le courage de m'enlever toute illusion à ce sujet.

— Mon Dieu! que vous a-t-elle fait ?

— Elle m'a blessé cruellement.

— Huguette, votre fiancée! Est-ce possible?

— Oh! ma fiancée!... fit le jeune homme avec un sourire amer.

La tête de la jeune fille se pencha sur sa poitrine, et deux larmes roulèrent dans ses yeux.

— Vous ne pouvez croire cela, Marie, reprit André, parce que vous êtes bonne.

— Monsieur André, répondit la jeune fille, Huguette n'est pas méchante; elle n'a pas eu l'intention de vous faire de la peine, j'en suis sûre. Tout à l'heure elle vous demandera pardon.

— Voulez-vous connaître la cause du changement de mademoiselle Huguette? reprit André.

— C'est donc sérieux?

— Oui. Regardez-moi.

— Je vous regarde.

— Comprenez-vous?

— Non.

— Vous ne voyez pas sur ma figure?...

— La brûlure!

— Cela me rend affreux?

— Mais non.

— Comment! vous ne me trouvez pas laid, repoussant?

— Mais non, monsieur André.

— Ah!... Eh bien, Marie, cela prouve que Huguette pense autrement que vous.

— Quoi! c'est pour cela?...

— C'est pour cela, Marie; c'est parce que j'ai la joue brûlée que mon mariage avec Huguette, dont on a beaucoup parlé, n'aura pas lieu. Maintenant vous comprenez que ma place n'est plus au milieu de ceux qui sont joyeux ; je n'ai plus qu'à rester chez mon père pour y cacher ma laideur.

— Ne parlez pas ainsi, monsieur André ; si Huguette est changée à ce point, si elle vous dédaigne, une autre vous aimera comme vous êtes digne de l'être.

— Une autre, dites-vous ? Laquelle ?

— Je ne sais pas, répondit Marie embarrassée.

— Je n'ai plus cet espoir, reprit André tristement ; je suis trop laid pour qu'une jeune fille consente à devenir ma femme.

— Monsieur André, vous vous trompez, protesta Marie.

Puis, aussitôt, elle poussa un petit cri à la vue du père Jubelin, et s'enfuit comme un oiseau effarouché pour aller rejoindre sa mère.

— Ah çà ! est-ce que Marie a peur de moi ? dit le fermier en arrivant près de son fils.

— Je ne le pense pas, répondit André.

— Après l'avoir vue s'envoler à mon approche, j'aurais lieu de le croire.

— En effet, pourquoi est-elle partie si vite ? se demanda le jeune homme.

Et il marcha tout rêveur à côté de son père, cherchant le mot de l'énigme.

Les danses continuaient, il fit le tour du bal, mais sans chercher à revoir Huguette.

VI

Plusieurs jours s'écoulèrent. André n'avait pas revu Marie. Mais la jeune fille occupait constamment sa pensée, et l'image de Huguette s'effaçait peu à peu de son cœur.

Le souvenir de la dédaigneuse Huguette ne contenait déjà plus aucun regret, tandis que Marie lui apparaissait douce, gracieuse, souriante comme la fée du bonheur.

D'un mot, Huguette l'avait meurtri, déchiré ; d'un regard, Marie l'avait calmé, consolé, guéri.

Sa reconnaissance envers la jeune fille s'était changée en une affection profonde. Peut-être ignorait-il encore le véritable état de son cœur, où l'espoir et la joie renaissaient à son insu.

Mais lorsqu'il eut bien analysé toutes les paroles de Marie, lorsqu'il se fut bien assuré qu'il n'interprétait pas faussement sa rougeur, son émotion, son embarras et aussi sa fuite précipitée, le voile se déchira et il comprit combien la charmante enfant lui était chère.

Les sympathies que nous éprouvons naissent presque toujours de celles dont nous sommes l'objet. Il en est de même de toutes les affections: nous aimons qui nous aime.

André rappela à lui tous ses rêves de bonheur; ils revinrent en foule.

Un matin, au milieu des champs, où les épis mûrs se courbaient sous les faucilles, André rencontra Marie. Comme lui, la jeune fille venait de porter le déjeuner des moissonneurs.

— Marie, lui dit-il, vous souvenez-vous de ce que vous m'avez dit l'autre jour? Vos paroles m'ont fait beaucoup de bien. J'étais triste, découragé; grâce à vous, le ciel aujourd'hui me paraît plus beau, la prairie plus verte, les fleurs plus jolies. « André, m'avez-vous dit, une autre vous aimera. » J'ai cherché autour de moi, et j'ai trouvé. Marie, êtes-vous contente?

— Oh! oui, si vous êtes heureux! répondit la jeune fille, dont le visage pâlit subitement.

— Celle que j'aime aujourd'hui, Marie, continua André, plus encore que je n'aimais Huguette autrefois, celle qui deviendra ma femme bientôt, je l'espère, vous la connaissez.

— Je la connais? répéta Marie avec surprise.

— N'est-ce pas vous qui m'avez aidé à la trouver?

Marie ne répondit pas. Ses yeux se fixèrent sur le bout de ses pieds, et une vive émotion oppressa sa poitrine.

— Vous ne me demandez pas son nom? reprit le jeune homme.

— Je ne veux point le savoir! s'écria-t-elle, je ne veux pas...

Un sanglot déchira sa poitrine.

André lui prit la main.

— Il faut pourtant que vous le sachiez, dit-il: elle se nomme Marie Michelin.

— Moi! moi! exclama-t-elle.

— Marie, je ne connais que vous qui ne me trouviez pas laid avec ma joue brûlée.

Elle se mit à pleurer, mais un sourire radieux éclairait en même temps son visage. Ce jour-là, Marie ne s'amusa point, sur les sentiers, à jeter au vent les pétales de la marguerite. Elle n'avait plus rien à demander à la fleur des prés.

Les dernières gerbes étaient rentrées. Quelques jours de repos allaient succéder aux fatigues de la moisson.

— Ah çà ! dit en souriant le père Jubelin à son fils, je crois que deux ou trois jours de noce ne seraient pas à dédaigner maintenant. Que penses-tu de mon idée, garçon ?

— Mais, je suis de votre avis, mon père.

— A la bonne heure. Après la peine le plaisir. Or donc, je m'en vais trouver le père de Huguette et lui dire...

— Ce n'est point au père de Huguette qu'il faut faire une visite, interrompit André, mais à celui de Marie.

Le père Jubelin ouvrit de grands yeux étonnés.

— Ah çà ! garçon, que me chantes-tu là ? fit-il.

— Père, ne vous en déplaise, c'est Marie Michelin que je veux pour femme.

Le père Jubelin se mit à labourer sa barbe avec ses doigts.

— Diable ! diable ! c'est embarrassant, fit-il.

— Nullement, mon père. Vous vouliez aller chez le père de Huguette, eh bien, rendez-vous chez celui de Marie, et dites à M. Michelin ce que vous aviez l'intention de dire à l'autre.

Le père Jubelin s'achemina vers la maison de son camarade Michelin, tout en préparant le petit discours qu'il se proposait de débiter afin d'assurer le succès de sa mission.

— Eh bien, mon père? l'interrogea André à son retour.

— Dans quinze jours nous ferons la noce, répondit-il.

André lui sauta au cou et l'embrassa à l'étouffer.

La veille du mariage, Marie rencontra Huguette chez une de leurs amies communes.

— C'est donc demain que tu te maries? dit Huguette d'un ton ironique.

— Oui, c'est demain.

— Comment as-tu pu te décider à prendre André pour mari?

— Parce que je l'aime, répondit simplement la jeune fille.

— Tu l'aimes!..... Mais tu n'as donc pas vu comme il est devenu laid? Sa joue brûlée le rend affreux.

— Affreux! à tes yeux peut-être, Huguette, mais pas aux miens. Sa joue brûlée! ajouta-t-elle avec exaltation, ah! je la trouve belle, moi, car elle me rappelle sans cesse son courage, son dévouement, son noble cœur, notre maison en feu et mon père, prêt à périr au milieu des flammes!

Huguette n'osa pas répliquer.

Il y a aujourd'hui douze ans que Marie est la femme d'André Jubelin; elle aime son mari comme le premier jour. Dieu lui a donné deux enfants beaux comme elle, un garçon et une fille.

Le petit garçon fera prochainement sa première communion.

Huguette a trente ans et elle n'est pas encore mariée.

On rapporte que le fils de Marie ayant un jour récité devant elle une fable bien connue de La Fontaine, elle a cru entendre son histoire.

On dit encore qu'elle se repent amèrement d'avoir repoussé André.

Ce qui porterait à le croire, c'est que la brûlure qui lui a inspiré tant d'horreur a presque disparu.

Le bonheur complet, sans nuage, dont jouit Marie, doit être aussi pour quelque chose dans ses regrets.

FIN

TABLE DES MATIÈRES

Imprimerie générale de Châtillon-sur-Seine. — M. Pepin.

www.ingramcontent.com/pod-product-compliance
Ingram Content Group UK Ltd.
Pitfield, Milton Keynes, MK11 3LW, UK
UKHW020134220726
13923UKWH00001B/156

9 782019 683894